模型理论 1
——股市获利阶梯

孙国生　著

山西出版传媒集团
山西人民出版社

图书在版编目（CIP）数据

模型理论. 1，股市获利阶梯 / 孙国生著. -- 太原：山西人民出版社，2017.6
ISBN 978-7-203-09880-5

Ⅰ. ①模… Ⅱ. ①孙… Ⅲ. ①股票投资－经济模型－经济理论 Ⅳ. ①F830.91

中国版本图书馆CIP数据核字（2017）第092485号

模型理论1：股市获利阶梯

著　　者：孙国生
责任编辑：孙宇欣
复　　审：贺　权
终　　审：员荣亮

出 版 者：山西出版传媒集团·山西人民出版社
地　　址：太原市建设南路21号
邮　　编：030012
发行营销：0351-4922220　4955996　4956039　4922127（传真）
天猫官网：http://sxrmcbs.tmall.com　电话：0351-4922159
E-mail：sxskcb@163.com　发行部
　　　　　sxskcb@126.com　总编室
网　　址：www.sxskcb.com

经 销 者：山西出版传媒集团·山西人民出版社
承 印 厂：大厂回族自治县德诚印务有限公司

开　　本：710mm×1000mm　1/16
印　　张：14.25
字　　数：235千字
印　　数：1-5000册
版　　次：2017年6月第1版
印　　次：2017年6月第1次印刷
书　　号：ISBN 978-7-203-09880-5
定　　价：198.00元

如有印装质量问题请与本社联系调换

推荐序 1

戴若·顾比

> 戴若·顾比是国际著名的金融技术分析专家，经常做客CNBC，被誉为"图表先生"。他是《股票交易》《趋势交易》《股市投资36计》的作者。他开发的几种领先的技术分析指标被世界各地很多市场的投资者广泛应用。

The series of books "Model Theory" mentions the important differences between numbers and patterns. It suggests that Western thinking is more concerned with numbers and Eastern thinking is more concerned with patterns. I am a western trader but my trading decisions are based on patterns of behaviour. This is the great truth of the market. The market data and information is made up from numbers, but these numbers capture the psychological behaviour of the participants in the market. The market is not really made of numbers, it is made of people. The numbers are just a record of behaviour. Understanding how the people behave is the key task for investors and traders in the financial markets.

However, numbers in the form of algorithms can be used to track and understand the behaviour of groups of individuals. This is now an essential part of the modern model theory of the market. We hear of the terms Big Data in the common marketplace, but Big Data has been the foundation of financial market technical and chart analysis for centuries. The early candlestick charts created by Japanese rice traders capture the extremes of human emotions

and behaviour in the price activity. They looked at the aggregate of market behaviour – the Big Data – and used this to understand the behaviour of the market participants. Understanding this behaviour is the first step towards understanding the potential future behaviour of market participants.

Modern thinking has advanced our understanding of this market and economic model. The series of books "Model Theory" looks at this in interesting detail. It surveys the achievements of other economic model masters from Karl Marx and Adam Smith to Keynes. This series of books comes at an interesting time because following the Global Financial Crisis in 2008 the operation of the financial markets has changed. There is a desperate need for a new understanding and development of new models to better understand and explain the new market behaviour. The behaviour has been complicated by the growth of derivative trading instruments so the connection between the individual and the market is distorted. The structure of satisfying supply and demand has changed. We need to develop new models to understand this new market condition. This series of books is an important step in developing this understanding.

"模型理论"系列丛书讲到了数和形两者间的重要区别，它谈到西方的思维更关注数，而东方的思维更关注形。而作为一个西方交易者，我的交易决策却都是建立在交易行为的形态基础之上——形态是市场的实质。市场数据和信息是由数所构成的，但是这些数字反映的是市场参与者的心理行为。市场真的不是由数字构成的，而是由人构成的，数字只不过是行为的记录而已。对于金融市场中的投资者和交易者来说，关键是要理解人的行为。

然而数字运算可以用来追踪和理解群体的行为，这是当前市场模型理论的基本组成部分。我们都听过应用于大众市场的"大数据"这个词，但是几个世纪以来，大数据已然成为金融市场技术分析和图表分析的基础了。早期由日本米商所创设的K线图捕捉的是人类情感在价格活动中的极值和行为。他们观察市场行为的综合表现（大数据）并以此来了解市场参与者的行为，而这正是理解市场参与者潜在的未来行为的第一步。

现代思维扩展了我们对市场和经济模型的理解，"模型理论"系列丛书对此作了生动的描述，该书把卡尔·马克思、亚当·斯密到凯恩斯这些经济模型大师的成果进行了调查和汇总。因为在经历了2008年的全球金融危机之后，金融市场的操作已然发生了改变，所以这套书问世的时间很令人关注，此时亟须一种对新模型的理解和发展，以更好地理解和解释新的市场行为，随着衍生交易工具的发展，市场行为也日趋复杂，所以个体和市场之间的关联被扭曲了。满足供求关系的结果也发生了变化。我们需要发展新的模型来理解这个新的市场状况。这套书在这方面迈出了重要的一步。

推荐序 2

杰瑞米·杜·普莱西斯

> 杰瑞米·杜·普莱西斯,《点数图指南》的作者。

I first met Mr. Sun in June 2016 at the Bogu International Investment Forum he was hosting. I soon realized that he is a respected master of stock market forecasting with a huge following across China and beyond. He has trained thousands from well-known institutions and universities in the art of market analysis. Using the techniques explained in this book, he has predicted the turning points in the Shanghai Composite index with precision.

The theory in this book was found for the first time on China's Stock Market, so is important for all who trade and invest in the market. It's about Mr. Sun's Model Theory. As I started to read, I became more and more intrigued by the concept. I am a technical analyst, so I believe in the power of charts, but Model Theory has opened my eyes because it uses mathematical formulas and logical rules to make forecasts.

Whereas most theories are either quantitative or qualitative, Model Theory makes its forecasts using both quantitative analysis of historical data based on mathematical formulas, as well as qualitative analysis based on patterns. It is what Mr. Sun calls the prediction of time and space. There is no vagueness in the Model Theory, it predicts highs and lows with mathematical precision.

But I am being simplistic about this groundbreaking subject. The only way you are going learn more and profit from Model Theory is to turn the page and start reading this fascinating book. You won't regret it.

我第一次见到孙先生是在2016年6月，在他举办的博股国际投资论坛现场。我很快意识到，他是一位受人尊敬的股市预测派大师，在中国甚至海外有着数量庞大的追随者。他在知名机构以及大学里给上万人培训过市场分析的艺术，同时他用这本书中阐述的技术知识，精准预测了上证指数的转折点。

这本书中所阐述的关于中国股市的理论，我还是第一次看到，所以模型理论对那些在市场中交易和投资的人们来说是意义重大的。当我刚开始阅读孙先生的《模型理论》时，对他书中概念的兴趣不断加深。我是技术分析者，所以我相信图表的力量，但是《模型理论》开拓了我的视野，原因在于它是使用数学公式和逻辑规则进行预测的。

现有的大多数理论是定量或者定性的，而《模型理论》做出的所有预测，既有对基于数学公式的历史数据做定量分析，也有基于图形形态的定性分析——孙先生称之为时空预测。《模型理论》中没有含糊其词的表述，有的都是高低点的精准测算。

但我只是简单描述了这个开创性的课题。如果你想了解更多，或者想从《模型理论》中获利，唯一的途径就是翻开它，开始阅读这本很棒的书。选它，你不会后悔。

推荐序 3

拉瑞·威廉姆斯

> 拉瑞·威廉姆斯是威廉指标（W&R）的创始人，也是当今美国著名的期货交易员、作家、专栏编辑和资产管理经纪人。他曾获得罗宾斯杯期货交易冠军赛的总冠军——在不到十二个月的时间里使1万美金变成了110万美金。拉瑞·威廉姆斯就职于美国国家期货协会理事会，并曾在蒙大拿州两次竞选国会议员。在过去的25年里，他是始终被公众追随的优秀投资顾问之一，曾多次被《巴伦斯》《华尔街日报》《福布斯》《财富》专访。著有《未来的繁荣时光》《短线交易秘诀》等书籍。

Here's a book with a new and unique slant on how to become a successful trader. My friend Mr. Sun will open your mind to new thoughts, cement old ones and help you become a better trader. Some books we just skim through; this one you want is to be read.

这本书以全新而独特的视角，告诉你如何成为一名成功的交易者，我的好友孙先生将使你开拓思维，展开新思想，巩固旧知识，帮助你成为更优秀的交易者。有些书涉猎即可，而此书将让你百看不厌。

别着急！先看序，再学习

孙国生

当您即将阅读本书的时候，我强烈建议您先看完了我的序再开始，否则就像系扣子，一开始就错了，而你还坚持到最后才发现。实际上读一本书更是这样，不要在好奇心的驱使下"鲸吞"这本书，看完才发现不是你的菜，鞋不合脚。鞋合不合脚需要知道鞋的结构和尺码，人和人之间的区别往往是认知的不同，人们虽然喜新厌故、喜慧厌拙，但对于未知的事物还是过于草率，根据经验和主观判断做出评价。我衷心希望此书能让你清俗肠，醒倦眼。为了高效率地阅读，先弄懂这几个问题：模型理论是什么，不是什么？模型理论能学什么，不学什么？模型理论该用什么，不用什么？

模型理论是什么，不是什么？

七年前我开始萌发写模型理论的想法，当时是苦于阅读股票书的困惑。本人虽不至嗜书如命，也是日不绝书，坚信人的智慧大都来自于前人的积累，没有人是完全的独创，悟者比我多读两本书而已。在这种心理作用下，我大量阅读中外投资经典，从开始的如饮神浆聆天乐，到最后的如吃残食嚼白蜡，要么复杂到没有用，要么简单到不管用，要么大讲投资心灵鸡汤，要么全篇理念冗长，实战百困，时常抱影衔思，忽忽不知所属。最后一总结，道理全懂，方法不通。

对于一个世界观恒定的人来说，方法论是泥泞路上的踏脚石，汪洋海中的多面帆，虽遇变幻而总能过关。在这样的背景下，我决定将股市多年来的方法论摘其优、汇成集，写一些法外法、声外声、韵外韵，而这些方法里我优选的是预测方面的知识，我认为所有人的所有决策都来自对事物本身的预测，褒贬喜好、弃取存留，无不如此。投资失败不在于看不懂股市的变幻无常，而是在无常发生时，错误决策，当然更多的时候是不决策，导致不能跟踪趋势发展。错误决策和不决策都是源于对未来预测的失误，所以我把预测放在首位。我认为股市投资逻辑是分析→预测→决策→交易，因此模型理论是在投资者已经具备技术分析轮廓基础上学习的。当然，预测比分析难得多，分析是对历史的总结，预测是对未来的判断，总结自然要比判断简单一些。

综上所述，可以回答模型理论是什么、不是什么了。

模型理论是什么？

模型理论是时空预测的方法集，是数形分析的逻辑式，是量化交易的基础库。

模型理论不是什么？

模型理论不是分析工具，不是奇技淫巧，不是传统技术。

模型理论能学什么，不学什么？

在模型理论上一次出版后，反馈的评价不一。有的人觉得作者顾盼伟然，技冠群书；有的人觉得微于缕黍，空洞玄虚；有的人阅后认为是丽典新声，采知获秘；有的人阅后顿感獭祭诗书充著作；有的人学后雷转霆鞫，神鹰掣鞲；有的人学后兔起鹘落，仰天笑而冠缨绝……为什么会出现这样的悬殊呢？我觉得这就是读者没有知其然，所以更不知其所以然的结果。读书不求解，如訾食不肥体。阅读不能改善交易行为，那就是尝鲜式阅读，猎奇过后反生悔意。其实，读书如品茶，一次不为佳，往往在两三泡时，才能体会茗香通窍。书籍，尤其是方法类的书籍，更是如此，一读蠲愁，再读释疑，三读去疾，没有这么三次品读，恐难得其精要。

模型理论是系列书籍，每一册研究的深度不同、方向不同。第一册重点讲解了台阶模型、独立波模型和四段五点模型，它们都属于空间模型，让我们知道结构背后的价格，价格背后的规律，规律背后的模型，它们一直像一只无形的手，左右着市场的走势。为了增加可读性，渲染精确率，有些案例十分完美，接近于神奇，大盘一个点不差，个股一分钱无缺，但实际过程中并非每只如此、每次如此。简单的方法都有其局限性，不可能放之四海而皆准，凡是书籍都会找典型，抓样板。你在书籍中能看到的是官渡之战、淝水之战等精彩的以少胜多案例，而大量的以多胜少则不会被作为经典口口相传，因为这是常识。股市的预测也是这样，不要因为几次的精确而震撼，也不要因为偶尔的失误而抓狂，因为接受股市就是接受不完美，股市是科学与艺术的结合，既有必然性，也有偶然性。

综上所述，可以回答模型理论能学什么、不能学什么了。

模型理论能学什么？

模型理论能学结构规律的公式，逻辑推理的过程，反复运算的验证。

模型理论不能学什么？

模型理论不能学不差分毫的顶底，屡战屡胜的交易，未卜先知的箴言。

模型理论该用什么，不该用什么？

我遇见过一些投资者学习了模型理论后，就变成了大仙，总喜欢在人前卖弄自己的预测，总是鼓吹某次某时、某底某顶都精确地预测到了，听起来似乎每次他都能抄底卖顶，但实际上把精力都用到了预测上，自己操作得一塌糊涂；还有一些投资者用模型理论的方法做过几次漂亮的

股市获利阶梯

波段，就觉得天下无敌，不管趋势的方向，博取得不偿失的微利，实难称为智者。就在前几日，一位老者告诉我，只要有百分之三的波动他都会操作，还说今年都赚了3倍了，我听后说了一句话："你比我强，你这样能持续吗？"

我不希望读者学完模型理论后变得更贪婪，更不自知。模型理论是追求理性的交易，你学模型愈久愈理性，不在疯狂时欢喜，不在绝望时沮丧。要随着对模型理论的深入了解，多方求证，学积而备于前，智浚而行于捷，也就是提前准备，行动迅捷，没有提前准备就不能防患于未然，没有行动迅捷就是空学误己。

综上所述，可以回答模型理论该用什么、不该用什么了。

模型理论该用什么？

模型理论该用公式而计算，该用计算而验证，该用验证而交易。

模型理论不该用什么？

模型理论不该用来当大仙，不该用来反趋势，不该用来博微利。

最后的最后

世间之法有先易后难和先难后易，重点不是开始而是结果，先易后难的结果往往是越来越难，先难后易的结果是越来越易。模型理论就属于先难后易的方法，喜欢模型者多为重视结果者，艰难的开始，曲折的过程，都是为了美好的结果。世间没有万能药、千灵丹，只有百宝箱，一把钥匙开一把锁，一个方法解一处难，只有把百宝箱都备满了，才能应付各种跌宕起伏。模型理论不仅仅是操作模型，更多的是预测模型，当大家去学习这些预测方法的时候，一定要知道预测的三个规律，第一，预测难免失误，你必须接受这一点，预测没有那么简单，否则你就不会一直学习了，股票市场是受多重因素影响的，所以预测失误也总是会发生；第二，不是精准而是接近，预测之前可以精准，但是市场验证的时候，接近就可以了，没有人能准确无误地预测每一次涨跌，预测是推断市场的各种可能性的方法，所有的抉择都是一种预测；第三，指数预测会比个股预测要可靠一些，在股票市场个股走势更容易被操纵，而指数相对而言更稳定，无论采取哪一种预测方法，指数预测的可靠性要大于个股预测的可靠性。所谓的预测都是基于大量的数据统计和客观走势规律来的，都是一种概率游戏，随着科技的进步，这种概率也会提升，也就是"大数据"的概念，所谓的智能也不过是基于某个模型的预测，我们应该秉持着好奇和质疑的态度，不断将其完善，而不是迷信和守旧。

模型理论是系列书籍（现已写到第六册），每一册都有不同的市场模型，深度也是逐步加强，需要读者对各种方法灵活运用，在此过程中遇到问题，可以发邮件到模型理论解疑邮箱（moxinglilun@163.com），也可以在模型理论公众号上留言。当然，您也可以买一套相关的软件，这样可以省去大量计算的时间。详情可登录中国弘历集团官网了解（http://www.hl1998.com）。让我们以此为开端，探索股市的奥秘，见证模型的神奇。

最后，本书的完成要感谢我的同事孙彬，大部分手稿是由他整理编辑的；要感谢我的爱人蔡静女士，是她不断地鼓励才让我挤出时间来写书；最后的最后，要感谢所有的"模迷"们，是你们的追捧才让模型理论一版再版，谢谢你们的支持！

2017 年 2 月 27 日于北京

更多精彩内容,请关注模型理论微信公众号

序

模型理论是什么

如果你正翻开这本书,那么我很高兴能够有这个机会与你进行一次对话。

我想,你会翻开这本书,也许是因为之前曾接触过模型理论,也许是好奇这个理论有何神奇之处。

模型理论是一种什么样的理论,它的理论基础是什么?这恐怕是很多人关心和疑惑的问题。

简单来说,模型理论是对股市中普遍存在的相似性和规律性的一种总结和概括,就像某些成语一样,是通过股市中的一种行为或者现象来对股市的运行做出判断的一种理论。

随着学习的深入,能够将股市中模糊的数据,逐渐转化为一种轮廓。也就是说,学习模型理论,将能够从轮廓的角度来理解股市。

为什么要从轮廓的角度来理解股市?

因为股市是一门兼具科学性与艺术性的学问,科学性体现在它的规律性和严谨性上,而艺术性则体现在它的多变性和轮廓性上。

通俗来讲,在股市中大的序列(即长期走势)会存在较强的规律性,而小的序列(即短期走势)则会存在较强的随机性。越短的走势越容易受到随机因素的影响,而长期的走势则会消化这些随机因素造成的影响。消除随机,股市的运行就只剩下规律性和相似性了,而这些即股市的轮廓。

股市获利阶梯

就好像在一个庞大而又复杂的图形中柔化掉那些边边角角，就会得到一个规律而清晰的轮廓。

股市中的轮廓离不开数与形。

在股市中数与形一直是很多技术分析者研究的课题。模型理论的大多数规律和原理是通过数与形的结合和转化来体现的。

浅谈数与形

每一位投资者在股市投资的过程中，都一直试图发现股市中的规律，也不断地有股市的规律被发现。其实，纵观人类的整个发展史也是这样，人类的发展历程中一直在找寻自然界中的一些显性和隐性的规律。

什么是规律呢？规律的特点就是不管你发现还是没发现，它一直存在，不管你知不知道它，它都不曾消失也从未改变。你信或者不信，它就在你身边左右着你的投资，关键是我们怎么去发现它。

应用很简单，重在发现，发现这些规律之间有什么样的内在关系。人类发现自然界的规律以后，有的叫作真理，有的叫作定律，其实就是它本身已经具备的规律。而股市也是人和人之间的交易行为，由群体所组成的这种交易模式必然是有规律可循的，就像马克思说的世界是物质的，物质是运动的，运动是有规律的。

纵观人类的发展史，我们可以得到结论：东方重形，西方重数。我们都知道东方人的观点更多的是重视形，尤其是在国学里，所提倡的大多是一种对形的认识，突出的是大而博的艺术，即道法术，但更多的是重道。道就是一种形，就是一种轮廓，而不是用简单的标准来衡量的。

东方人认为的人心，不是实际上的心脏，而是一种抽象的形，形的特点就是不具体的轮廓。而西方呢？更多的是重视数，很多显性的和隐性的东西可以用数字、统计和数据来诠释，统计内在的规律。

就像毕达哥拉斯认为，数是接近上帝最短的途径，提出了"万物皆数"的理论。柏拉图在学院门口也赫然立了块碑："不懂几何者不许入内"，这些都突出了西方人对数的执迷。历史告诉我们，单独重视数就会偏离市场，所以，股市虽产生于西方，但成就于东方。

蜡烛图就是很好的证明，K线就是典型的东方思想，将数字变成图表。单独重视形就发现不了股市的内在规律，并且形是可以变化的，就是我们股市中常说的骗线。单独重视数和重视形都有其不确定性，这就像近些年来西方的一些文化一样，刚开始的时候很被人们尊崇，可是随着时间的推移，现在呢？为什么又出现了国学热？人们发现了这种数背后的缺点和瑕疵，所以又开始追求形，但是单独的形或单独的数都不能够算是完美。只有充分地认识到数中有形、形中有数、形中有形、数中有数的数形共存原则，才能对规律有更好的发现和挖掘，才会有巨大的突破。

在股市中也是这样，什么叫作数和形？数和形在股市中的规律又是怎么样的呢？如果你简单地理解，它也很容易。比如说，都知道一个直角三角形的规律就是勾三股四弦五，直角三角形是一个形，勾三股四弦五就是数。那么它讲究的是什么呢？一个形的背后肯定有个数字，知道一个数字以后就可以确定一个形态，它们之间是可以相互影响的。

例如，两个三角形大小不等，但是都有共同的规律，这两个三角形的面积不一样，但是都属于直角三角形，短直角边叫勾，长直角边叫股，斜边叫弦，这就是勾股定理。都属于直角三角形，它们内在的规律是相同的，这叫形和形之间的影响。

数和形之间有什么影响呢？勾三股四弦五，说明的是形中有数，符合勾股定理的三角形，就是形中有形。符合勾三股四弦五规律的就是直角三角形，这就是数中有形。模型理论的核心就是数和形之间的关系。

数形结合是模型理论的基础，本书中的内容都离不开数与形的范畴，但是数形结合是一个庞大而复杂的课题，其中的理论深奥且复杂，如果笔者只是将其中的内容简单地罗列出来的话，这本书恐怕就要成为很多

股市获利阶梯

人理想的睡前读物了。

罗马不是一天建成的，学习也要一步一步来，老想一口吃成个胖子是不行的，只有积累了足够多的基础，这些复杂而深奥的理论理解起来才会变得简单。随着学习的逐渐深入，在后面几本书中笔者会逐步为大家揭开数形结合的奥妙。

做最好的十分之一

如果你想要寻求一些方法和技巧，那么我只能很遗憾地告诉你，对你来说这本书中的内容95%都是"水分"。

但这本书的价值恰恰在这95%的"水分"上。就像这本书的名字一样——股市获利阶梯，这本书中的内容更多的是作为一种基础，就像盖房子的地基或者是上楼的台阶一样，是你爬得更高，走得更快的基础。

也许很多人听说过这个故事：

在20世纪初，美国的福特公司得到了大批订单，生产线高速运转之时却有一个电机发生了故障，导致整个车间停产，福特公司内部的技术工人用了一周的时间仍未能把这台电机修好。

于是福特公司的高层开始考虑寻求外援，多方周折之后，最终找到了当时德国的电器专家斯坦门兹，斯坦门兹观察了电机三天之后，在电机的一个部位用粉笔画了一个叉，并告诉技术人员将这里的线圈拆掉16圈，技术人员依言而行果然顺利排除了故障。

事后斯坦门兹要价一万美元，这在当时是福特公司一位普通员工100年的收入总和。很多人认为斯坦门兹只是画了一个叉而已，要价太高了。

面对大家的质疑，斯坦门兹开出了这样的账单：画一条线，价值1美元；知道在哪儿画线，价值9999美元。

福特公司领导看了之后，不仅照价付酬，还重金聘用了斯坦门兹。

读完这本书之后,恐怕95%的人会后悔买到了95%的"水分",但只有5%的人知道,真正有价值的不是拿粉笔在机器上画的那一个叉,而是知道为什么在那里画叉。

同样的道理,在这本书中,真正有价值的不是书中的方法,而是知道何时何处应该使用何种方法。

众所周知,股市中的获利比率是1∶2∶7,即只有十分之一的投资者能够在股市中赚到钱,想要真正在股市中获利,必须做股市中的少数人甚至是独行者,如果你没有这样的自信和觉悟,笔者不建议你留在股市。

想要不在股市中蒙受损失的方法有两种:第一,做最好的那十分之一;第二,离开股市。第一种方法只有百分之十的人可以做到,第二种方法则至少有百分之九十的人可以做到。

你选择哪一种呢?

目　录

第一章　大盘密码揭秘 / 1

如果笔者告诉你有这样一个数字，它能精准地预测股价的顶底数值，无论是月线还是年线，全都适用，并且准确性极高，很多时候预测的结果与实际数值甚至相差不到一个点，你是否会觉得不可思议？是否对此既不敢相信又期待万分？

第一节　探究大盘密码 / 2

第二节　1.0804——预测从这里开始 / 6

第三节　1949——台阶预测的魅力 / 12

第二章　模型理论基础 / 17

要想对模型理论做到精准的应用就需要对其基础熟悉精通，俗话说"基础不牢，地动山摇"，为了以后在股市的博弈中能够技高一筹，成为赢家，需要对模型理论的基础做仔细的学习，尤其是理论基础更是重中之重。

第一节　技术分析有用么？ / 18

第二节　分形概述 / 25

第三节　分形与台阶预测 / 39

股市获利阶梯

第三章　股市统计信息 / 47

万物皆有规律，股市最明显的规律就是趋势，如何发现趋势的规律呢？股市的规律往往要依靠统计学和信息学的知识，统计建立在股市记忆的基础上，信息建立在股市周期的基础上。

第一节　在信息中发现规律 / 48

第二节　分形精解 / 57

第三节　大盘密码的由来 / 68

第四章　六级台阶算法 / 73

股市是以趋势的形式运行的，趋势是以台阶的模型推进的，在进行分析时，我们可以把每一个分形都看作一个台阶，未来的走势就是台阶的不断拓扑。在本章里笔者会带领大家用最简单的方法来推算趋势的区间规律。

第一节　神奇的台阶 / 74

第二节　上涨六阶运算公式 / 75

第三节　下跌六阶运算公式 / 87

第五章　台阶模型预测 / 99

股市的运行受到如宏观经济、政策法规、自然灾害、意外事件、上市公司经营状况等诸多因素的影响。用简单的方法准确预测股市的这种想法本身就太简单了，所以本章中的内容，笔者首先从台阶模型的复杂性开始讲起。

第一节　台阶模型大盘实战 / 100

第二节　关于台阶模型的问题 / 129

第三节　台阶预测模型疑难精解 / 132

第六章　小波调整秘密 / 141

水波在常态下是均匀扩散的，当遇到阻力的时候，就会出现水波扩散减弱或者是消失，但是有一个波浪一直是持续不变的，这个波浪就是独立波。在股市里有一种调整，也像独立波一样，不管什么股票，都会有共同的调整幅度。

第一节　独立波——独立而不改 / 142

第二节　小波预测模型 / 143

第三节　小波预测模型实战案例 / 146

第七章　四段五点预测 / 159

股市是一个整体，股价的每一次波动均有其独立性，这些波动之间又有其关联性，如果我们把这些看似独立的波动关联起来，就会发现相邻的一波涨跌走势是最有研究价值的。上升趋势是由一个个涨多跌少模型组成的，下降趋势是由一个个涨少跌多模型组成的。

第一节　上涨四段五点模型 / 160

第二节　下跌四段五点模型 / 176

第三节　四段五点模型扩展 / 186

结束语 / 196

后　记 / 197

第一章　大盘密码揭秘

股市是如此的神奇而充满魅力，以至于从股市诞生之初，人们就从未停止过对它所蕴含奥秘的探寻。数百年来，人们发明了无数种方法，试图把握股市的脉络，应对股市中的不确定，从最早的"一把直尺打天下"，到现在浩如烟海的技术指标和分析方法。

很久以前，我们就开始追求，希望能够在不确定的市场中找到一种特定的规则，从而洞悉股价运行的规律，把握市场变化节奏，做股市的先知先觉者，获得丰厚的投资回报。

然而，股市中想要获得收益，做先知先觉者，必须做到远见于未萌，避危于无形。如此，对股市做出精准的预测，就成了重中之重。

预测一事，有人说简单，有人说难。说白了，问题的关键在于方法，所谓：难者不会，会者不难。

也许你还没有掌握一种简单实用的、可以让你对股市做出预测的方法，别着急，本书将带你体验模型理论的奥妙，为你揭开股价变动的密码。

如果笔者告诉你有这样一个数字，它能精准地预测股价的顶底数值，无论是大波段还是小波段；无论是长周期还是短周期；无论是月线还是年线，全都适用，并且准确性极高，很多时候预测的结果与实际数值甚至一个点都不差，你是否会觉得不可思议？是否对此既不敢相信又期待万分？

如果你对此感到好奇或者质疑的话，就跟随笔者一同走进这一章节，揭开大盘密码的秘密吧！

第一节 探究大盘密码

股市的运行有其内在规律，一切偶然的背后都蕴藏着必然，指数转折点的位置往往与历史的走势有关，很多股市预测方法的理论基础源自于此。实际上，不只是转折点，在大盘上临近的高点和低点之间也有其内在的联系，这种联系的关键就是一个数字，笔者称之为大盘密码。一旦掌握了它，就可以由低点计算出高点，也可以由高点计算出低点，其结果的精确度可以达到相当惊人的程度。

你就是生活中的预测大师

生活中笔者常常会听到有人这样抱怨某一部电影或者电视剧：这种烂片子，看了开头就知道结尾。为什么能够看了开头就知道结尾？因为开头和结尾之间有联系，而我们通过对以前看过的类似的影视作品的分析和总结，就可以找到这种联系，从而通过开头预测出结尾。

也许你并没有意识到分析和总结的过程，甚至并没有意识到自己在对剧情进行预测，你认为一切都是顺理成章的。但实际上，你预测电影的情节和投资大师们预测股市的变化并没有本质的不同，都是收集和整理历史资料，分析和总结其中的规律，最终应用规律进行预测。

预测从来不是毫无根据的，事件的结果必然会有原因，而原因和结果之间的联系就是规律。我们能够预测旗杆上垂落的旗子会飘起来，是因为感觉到了风的吹拂，旗子被风吹会飘起来就是规律；我们能够预测路上正在行驶的汽车会停下来，是因为前面有红灯，红灯停车就是规律。

相对来说，生活中的规律更容易被发现和理解，而股市中的规律则会复杂难懂，但是不论规律本身是简是繁，是难是易，应用规律来进行预测的思维都是一致的。

所以不要觉得预测很难，也不要觉得分析和总结离你很远，你就是生活中的预测大师，现在你所欠缺的仅仅是把生活中的这种预测的思维应用到股市中去。

指数高低点间的规律

前文中提到一切结果和原因之间都有规律，股价的运行出现高点之后就是低点，出现低点之后就是高点，也就是说，股价的高低点之间的关系是互为因果的，上涨时低点是因，高点是果；下跌时高点是因，低点是果。股市中高点和低点之间是否存在规律呢？

如图 1.1.A 是上证指数从 2013 年 3 月 13 日到 6 月 13 日的日 K 线走势图，指数的走势刚好经历了一次下跌和一次上涨，产生了两个高点和一个低点，我们来探究一下高点和低点之间的规律。

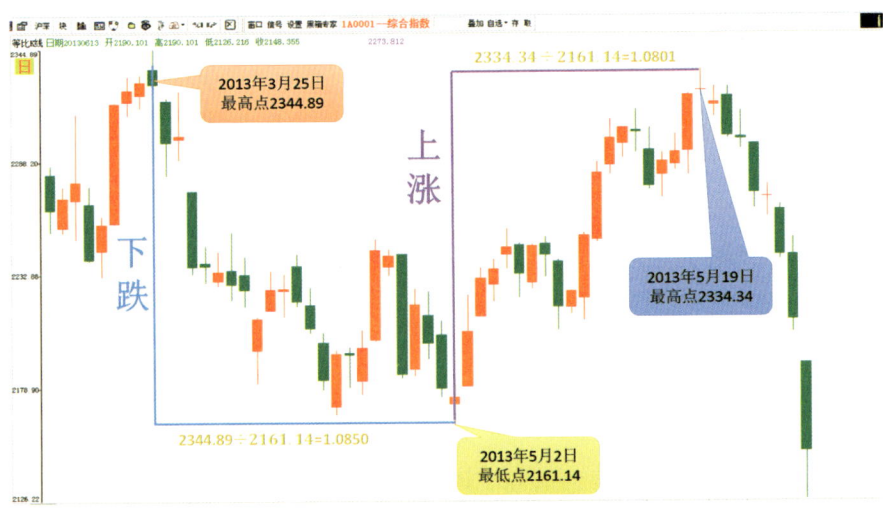

图 1.1.A　上证指数高低点之间的规律

图 1.1.A 中左侧指数从 2013 年 3 月 25 日的 2344.89 点开始下跌，到 5 月 2 日出现低点，指数走出了一段完整的下跌走势，下跌了 183.75 个点，高点和低点之间的比率为 1.0850；之后指数从 2161.14 开始上涨，直到 5 月 19 日出现高点 2334.34，指数上涨了 173.2 个点，高点和低点之间的比率为 1.0801，可以看到，上涨和下跌之间的高低点比率十分的接近。

那么我们可以做出初步的判断，股价的高点和低点之间存在这样的规律：在每一个波段中，股价都会按照一个固定的比例去上涨或者下跌。

上面的案例是一种巧合么？指数高低点之间真的存在这样的规律么？

图 1.1.B　上证指数预测

如图 1.1.B 是上证指数从 2012 年 11 月 14 日到 2013 年 7 月 11 日的日 K 线走势图。对于前文中的问题，这张图已经足以作为答案。在这张图中笔者用高低点间的规律对指数进行预测，可以看到，预测的精确度非常之高，尤其在上涨的高点 2444，波段高点 2334，以及牛市的启动点 1849 三个点位上更是做到了误差小于一个点位！如此精确的预测结果难道还不足以说明指数高低点之间的规律么？

如果牛市的启动点还不足以说明问题，那么股灾的起始点是不是可以预测的？

图 1.1.C　上证指数高点预测

相信很多读者对 5178 这个点都记忆犹新，这个点的产生是否符合高低点间的规律呢？答案是肯定的，同样根据每一个波段中股价都会按照一个固定的比例上涨这条规律，如图 1.1.C，由前期的波段低点 4431.56，笔者预测指数高点在 5144.15 这个位置，相当接近实际点位 5178.19。

图 1.1.D　上证指数低点预测

对于低点的预测更加精准，指数从 5178 点开始下跌，截止到笔者选定这个案例之时，指数的低点是 2638.30 点，根据每一个波段中股价都会按照一个固定的比例下跌的规律，如图 1.1.D 我们可以由前期的波段低点 2850.71，预测出指数的低点在 2638.56 点，与实际低点 2638.30 几乎一个点位不差！

可见在股市中，每一个价格的产生都不是偶然的，每一个顶、底的形成也不是随机的。被大多数人认为是偶然事件的背后，往往隐藏着必然的规律，而发现和把握这种必然的规律，是我们做出预测的第一步，就像前文中提到的大盘密码一样。

对于投资者来说，最难解决的问题就是如何应对股市中的不确定，在不确定的市场中寻找一种确定的规律。每个人都可以对股价未来的走势做出预测，甚至比预测影视节目的剧情还要容易。

第二节　1.0804——预测从这里开始

在上一节中，我们发现上证指数在每一个波段中都会按照固定的比例上涨和下跌。而我们可以根据这条规律对指数进行预测，预测的关键就是这个比例。根据上一节中的案例，各位读者可以发现，这个比例在 1.08 左右。根据笔者对近年来大盘的高低点间的比率统计，这个比例的精确数值接近 1.0804。

1.0804 就是前文中提到的神奇数字，它就像大盘的密码一样，我们可以通过它来预测大盘上高低点的位置。

如果要预测一个高点，首先需要找到这个高点之前的波段低点，就像第一节中提到的：低点是因，高点是果，规律就是 1.0804——大盘的密码。根据指数高低点间的规律，指数从低点到高点间的上涨幅度是按照固定比例的——也就是 1.0804，那么只要用波段低点的数值乘以大盘密码就可以得到高点的数值了。

实战案例如下：

图 1.2.A　上证指数高点预测

如图 1.2.A 是上证指数从 2015 年 11 月 4 日到 2016 年 1 月 4 日的日 K 线走势图，图中波段的最低点出现在 2015 年 11 月 30 日的 3327.81 点，指数从这个位置开始上涨，最终会涨到哪里？

根据前文中提到的大盘密码 1.0804 进行预测，最低点 3327.81 乘以 1.0804 得到结果 3595.37，则预测指数这一波段的高点在 3595.37。图中我们可以看到指数最终在 2015 年 12 月 3 日出现高点 3591.73，与预测结果仅差不到 4 个点，在这个案例中，我们用大盘密码准确地预测出了指数的这一波上涨。

在图中可以看到，波段最低点右侧还有一个次低点，是 2015 年 12 月 14 日的 3399.28 点，指数从这一点开始的上涨最终将会到达什么位置？

我们同样用波段低点 3399.28 乘以大盘密码 1.0804 得到预测高点为 3672.58。在实际的走势中，指数在 2015 年 12 月 23 日见顶开始下跌，最高点为 3684.57，比预测结果高出 12 个点，在对上证指数的点位预测中，这样的误差是完全可以接受的。

预测低点的方法和预测高点的方法相对应，用高点的数值除以大盘密码就可以得到低点。如下面的案例：

图 1.2.B　上证指数低点预测

图 1.2.B 是上证指数从 2015 年 7 月 22 日到 2015 年 8 月 21 日的日 K 线走势图，图中波段的高点出现在 2015 年 7 月 30 日的 3844.37 点，指数从这个位置开始下跌，我们来计算一下预测低点。

用波段高点 3844.37 除以大盘密码 1.0804 得到预测低点 3558.28，而在指数的实际走势中，两个交易日后也就是 8 月 3 日指数出现低点 3549.50，与预测结果仅差不到 9 个点。通过上面的案例，我们可以看到大盘密码对于低点的预测也是相当准确的。

在实际使用中，我们不仅可以用高点预测低点或者低点预测高点，也可以在单边走势中用重要的反弹低点预测低点，或者用高点预测高点，上一节中预测 2638.30 点的案例就属于低点预测低点的情况。如图 1.2.C 所示：

图 1.2.C　上证指数低点预测低点

　　图 1.2.C 是上证指数从 2015 年 8 月 12 日到 2016 年 2 月 5 日的日 K 线走势图，取图中重要的波段低点 2015 年 8 月 26 日的 2850.71 点为起点，来预测指数的低点。

　　用波段低点 2850.71 除以大盘密码 1.0804 得到预测低点 2638.56，而在指数的实际走势中，指数于 2016 年 1 月 27 日出现低点 2638.30，这又是一次精准的预测。

台阶模型

　　通过前文中的学习，我们可以知道在每一个波段中指数都会按照固定的比例涨跌，也就是说，指数的运行会按照阶段上升，而且每一段上升的空间都会很相似，在上一节图 1.1.B 的案例中，我们可以看到，指数的运行就仿佛股价踩着无形的台阶向上或者向下，非常的规律。

　　实际上这种现象是一种空间上的峰谷累值现象，我们把这种现象用一个固定的模型表现出来，就是台阶模型。

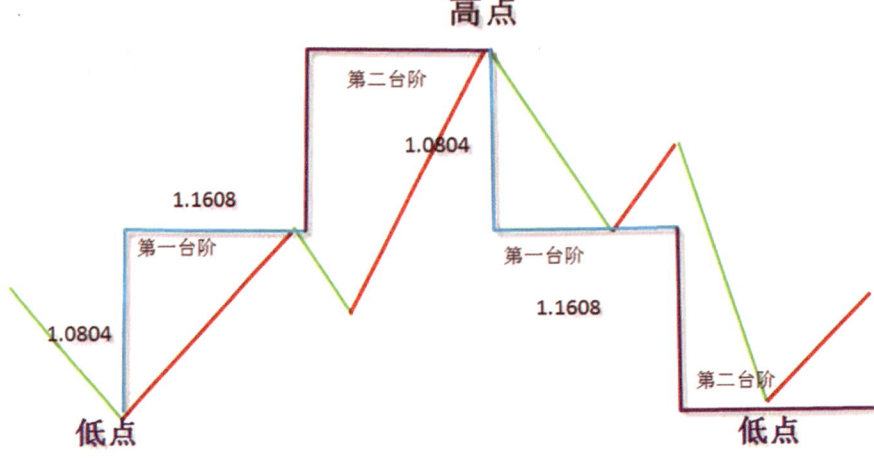

图 1.2.D　台阶模型初始形态

图 1.2.D 是台阶模型的初始形态，前文中提到的根据台阶模型预测指数的方法，实际上就是台阶模型的运算公式，即：

高点＝低点 ×1.0804

低点＝高点 ÷1.0804

在实际的走势中，有时也会出现指数连续上涨两个台阶的情况，这种情况下该如何计算指数的高点呢？

图 1.2.E　上涨二阶预测

当指数以大阳线有效突破第一台阶的压力时，可建立二级台阶的模型（如图 1.2.E），图 1.2.E 中笔者用蓝色标识第一个台阶，用紫色标识第二个台阶，可以清晰地看到指数跨越了第一个台阶在第二个台阶处见顶，这种时候我们就需要用到上涨第二级台阶的运算公式：

高点＝低点 ×1.1608

代入低点数据可求得预测高点 $4431.56 \times 1.1608 = 5144.15$，非常接近指数的实际高点。

对于二级台阶模型的计算，需要对"大盘密码"做一些调整，计算第二目标位，即以指数低点乘以 1.1608，或以高点除以 1.1608，当指数运行到第二台阶时，我们就可视情况进行操作。

下跌二阶预测案例如下：

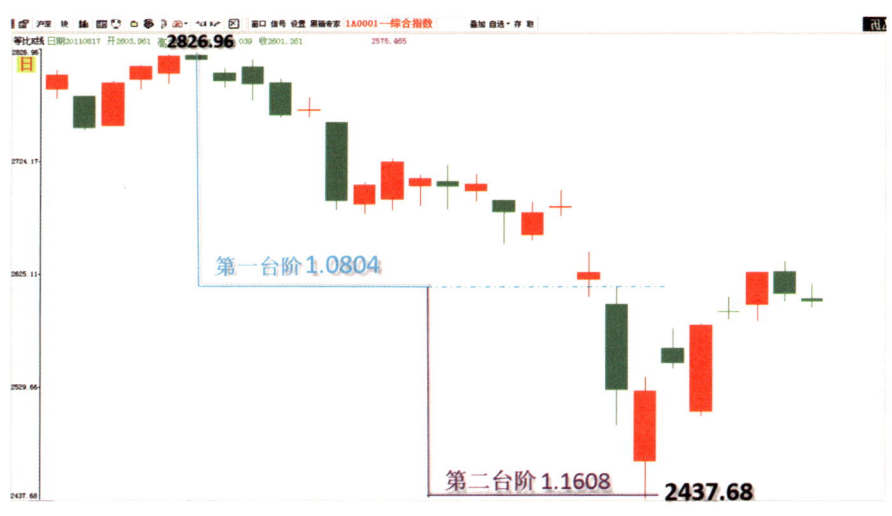

图 1.2.F　下跌二阶预测

如图 1.2.F 是上证指数从 2011 年 7 月 11 日到 2011 年 8 月 17 日的日 K 线走势图，指数的波段高点为 2011 年 7 月 18 日的最高点 2826.96，代入一级下跌台阶公式，可求得一级台阶的目标位是（以下计算均为四舍五入后的结果）：

$2826.96 \div 1.0804 = 2616.59$

图 1.2.F 中可以看到，指数在 2011 年 8 月 5 日跳空低开，在十分接近一级台阶目标位的位置 2620.28 点开盘，并上下震荡，最终走势形成了一根阳十字星。次日指数以大阴线跌破台阶位置，可将高点代入二级下跌台阶公式预测低点，与上涨台阶相对应的下跌第二级台阶的运算公式为：

低点＝高点 ÷1.1608

代入数据可得：

$2826.96 \div 1.1608 = 2435.36$

实际走势中指数在 2011 年 8 月 9 日低开高走，开始反弹，最低点 2437.68，与预测点位仅相差不到 3 个点。

每只股票的密码都不一样，这些台阶之间的密码有些是固定的，有些则会根据每只股票的股价运行方式不断变动。每一只股票的密码都需要通过对这只股票前期股价运行波峰、波谷的统计才能得出。

第三节 1949——台阶预测的魅力

前文中提到了台阶模型，也讲述了如何使用台阶模型来预测大盘的走势，并列举了包括股灾起点 5178 点、牛市启动点 1849 点在内的一些重要点位预测的案例，重点是第一级和第二级台阶的计算公式。

一阶运算公式：

高点＝低点 ×1.0804

低点＝高点 ÷1.0804

二阶运算公式：

高点＝低点 ×1.1608

低点＝高点 ÷1.1608

读到这里，聪明的读者可能已经发现，台阶模型的一、二阶运算公式非常相似，二阶运算公式只是将原来的大盘密码 1.0804 小数点后的部分翻倍换成了 1.1608，我们可以用二阶公式预测出 5178 点。

在一般的股价走势中二级台阶就足够使用了，因为台阶模型中存在"二阶稳定性"。

台阶模型的二阶稳定性

在实际应用台阶模型时我们可以发现，股价向同一个方向（上涨或者下跌）运行时，最多建立两个台阶的模型，这样预测出来的结果误差是最小的，如果此时建立两个以上台阶的模型，预测就会变得很艰难，台阶模型的这种特性叫作"二阶稳定性"。

至于为什么会表现出这样的特性，台阶模型实际上也是股市中数与形结合的一种模型，从形态结构的角度来讲，在地质勘查学中有一个概念，叫作二阶平稳假设；从概率的角度来讲，统计学中有一个概念，叫作二阶平稳统计量。

也就是说，不管是从数的角度还是形的角度，两个台阶都是最稳定的，应用起来也是最简单的。多数情况下，当股价相对平稳运行时，连续两台阶上涨或者下跌已经足以预测股市中绝大多数情况，所以对初次接触台阶模型的读者来说，只做两个台阶是最稳的，掌握起来也是最容易的。若是想要建立多台阶模型，计算就会变得非常复杂。

相信很多读者也在好奇，为什么上一节中介绍台阶模型的时候，只讲解了 5178 点的预测，却没有讲解 1849 点的预测？因为 1849 点的预测方法就属于不常见的多台阶运算。

多台阶的运算公式不管是理解还是使用都会比较复杂，在后面的章节中还会详细论述。在下面的案例中将会讲述 1849 点及附近几个重要点位的预测过程。

首先让我们回顾一下当时的情况，在 1849 点产生之前，股市经过了怎样的变化呢？如图 1.3.A 所示：

图 1.3.A 多级台阶运算

如图 1.3.A 是上证指数从 2012 年 11 月到 2013 年 7 月的日 K 线走势图，图中左侧可以看到在 2012 年 12 月 4 日指数的运行出现了一个低点。股民们很幽默，因为是 1949 点，就把它戏称为"建国底"，这个"建国底"很重要，是我们预测后市的一个基点。

图中可以看到，"建国底"之后指数经过 3 个台阶的上涨到达了 2444.80 点，这个高点该如何预测？用 1949 点先进行二阶计算，再进行一阶运算，即：

$$1949.46 \times 1.1608 \times 1.0804 = 2444.87$$

就得到了 2444.87，预测的结果与指数的实际走势只差 0.07 个点。

2013 年 2 月 18 日之后指数从 2444.80 开始下跌，并且在 2013 年 3 月 4 日出现了次低点，这个次低点的预测比较简单，因为只有一级台阶，所以套用前文中的一阶运算公式：

$$2444.80 \div 1.0804 = 2262.87$$

就可以得到预测低点 2262.87，与实际结果 2259.25 相差不到 4 个点。

指数从 2444.80 点开始下跌之后连续经过了 4 个台阶，最终出现最低点，4 个台阶的计算公式为：

2444.80 ÷ 1.3216 = 1849.87

根据上面的公式，我们用 2444.80 点计算出了牛市的起点 1849 点。

实际上我们还可以通过次高点 2334.34 来预测 1849 点，图 1.3.A 中我们可以看到指数从 2334.34 到最低点共经历了 3 个台阶，那么根据公式：

2334.34 ÷ 1.1608 ÷ 1.0804 = 1861.32

就可以得到预测低点 1861.32，与实际点位 1849.65 仅相差十几个点，误差也不算大。

对于上面的案例，可能有些读者会觉得难以理解，就像笔者在前文中说的，台阶模型中，台阶的数量一旦超过两个，计算就会变得非常复杂。上面的案例中每一个公式都好像围绕着 1.0804 展开，但不同的位置使用的公式也不一样，这些公式是怎么来的，具体都有哪些，每一条公式都可以预测什么位置？上面案例中的内容各位读者读不懂也没关系，因为后面的章节中还会详细地讲述台阶模型的多台阶计算。

小 结

经过本章的学习，你还觉得笔者开篇的预测是巧合吗？在后面的章节中你会看到台阶模型的更多神奇之处，在过去的十多年里面，它几乎决定了股价每次的顶底。

在赞叹它的神奇的同时，你现在肯定会有很多的问题，比如说台阶模型适合所有的股票吗？台阶模型是怎么得出来的？台阶又是怎么计算的？在使用时如何确定起点等等。

别着急，读下去。

这些谜题你可以在本书中一一寻找到答案，笔者之所以在这里给大家留下悬念，是因为想要理解这些秘密，首先需要掌握一些模型理论的基础知识，这是学懂台阶模型，尤其是掌握复杂的多台阶运算的必经之路，更重要的是，读者能从中学会如何建立一个稳健的交易模型，这也是本书不断强调台阶模型理念的原因。

第二章 模型理论基础

在上一章中，我们领略了大盘密码的神奇，股市的预测之所以艰难，就是因为其复杂性，需要考虑的因素很多，比如长期的有量、价、时、空；每天还有高、开、低、收、成交量等等。而大盘密码的神奇之处，在于它排除了时间的影响，把复杂的股市简单化，这样预测就会变得容易。实际上每一只股票都有一个密码，只要能够掌握，就可以计算出这只股票的高低点。

要想对模型理论做到精准的应用就需要对其基础熟悉精通，俗话说"基础不牢，地动山摇"，为了以后在股市的博弈中能够技高一筹、成为赢家，需要对模型理论的基础做仔细的学习，尤其是理论基础更是重中之重。

第一节 技术分析有用么？

技术分析有用么？对于这个问题的争论从技术分析诞生的那一天起就没有停止过。

对于技术分析，股市里大概分为两种观点，一种观点认为市场是不可预测的，各种所谓分析方法只是无用的猜测，和扔硬币、占卜是一样的；另一类观点坚定地认定技术分析是万能的，可以搞定股市中的一切难题。

这两派互相攻击，互相吐槽。技术无用论者说：市场的波动是由无数人的心理和实际操作形成的，不可能找到一个适合的切入点，所以猜测是徒劳的，并有人用球体运动来举例：你亲手扔出一个球，这个球能滚出多远？谁也无法提前预知，既然你自己动手操作的事情都无法预知，你怎么去猜测别人扔出去的球呢？而技术分析的追随者说：炒股就像打牌，从短期来说，看牌不一定会赢，不看牌也不一定会输。但是从长期来看，看牌不一定会赢，不看牌却一定会输。通过自己手里的牌和桌面上已经出过的牌，就可以预测别人手里的牌，从而最大限度地增加自己的胜利概率。

不管你持有什么样的观点，既然你翻开了这本书，那就证明你对技术分析的神奇之处还是有所期待的。那么接下来就从技术分析的基础讲起。

技术分析的基础是什么呢？技术分析存在的基础来自于有效市场理论和MM理论，这两大理论也是整个金融市场的基石，正如牛顿运动定律在物理学，或者薛定谔方程在量子力学中的地位一样，发挥着最基础的作用。

有效市场假说的核心观点就是市场价格变化包容一切，这也是道氏理论中的观点。因为有效市场假说的提出对于技术分析的影响是有两面性的，若要详细论述其中的因果，需要的篇幅太多，而且并不是我们本章要讲的重点，所以在本节就不多做论述，有兴趣的读者可以查阅一下这方面的内容。我们来看一下 MM 理论。

MM 理论是莫迪格利安尼（Modigliani）和默顿·米勒（Miller）[1]所建立的公司资本结构与市场价值不相干模型的简称。最早是两位教授在 1958 年 6 月发表的《资本结构、公司财务与资本》一文中所提出的，当时并没有明确 MM 理论这一名称，因为提出这一理论的两位教授名字首字母都是 M，所以这一理论被称为 MM 理论。

MM 理论认为，在不考虑公司所得税，且企业经营风险相同而只有资本结构不同时，公司的资本结构与公司的市场价值无关。或者说，当公司的债务比率由零增加到 100% 时，企业的资本总成本及总价值不会发生任何变动，即企业价值与企业是否负债无关，不存在最佳资本结构问题。修正的 MM 理论（含税条件下的资本结构理论），是 "MM" 于 1963 年共同发表的另一篇与资本结构有关的论文中的基本思想。他们发现，在考虑公司所得税的情况下，由于负债的利息是免税支出，可以降低综合资本成本，增加企业的价值。因此，公司只要通过财务杠杆利益的不断增加，而不断降低其资本成本，负债越多，杠杆作用越明显，公司价值越大。当债务资本在资本结构中趋近 100% 时，才是最佳的资

---

[1]：莫迪格利安尼（Modigliani）第一个提出储蓄的生命周期假设。这一假设在研究家庭和企业储蓄中得到了广泛应用，1985 年获诺贝尔经济学奖。莫迪格利安尼于 1918 年 6 月 18 日出生在意大利罗马的一个犹太家庭里。20 世纪 60 年代末，莫迪格利安尼主持设计一个大型的美国经济模型，即由联邦储备银行资助并且至今仍由它来使用的 MPS 模式（M 指马萨诸塞理工学院，P 指宾夕法尼亚大学，S 指社会科学研究会）。

默顿·米勒（Miller）因在金融特别是在证券投资方面做出杰出贡献而获 1990 年诺贝尔经济学奖。1923 年 5 月 16 日，米勒出生于美国马萨诸塞州的波士顿，1940 年进入哈佛大学，1943 年以优异的成绩毕业，并获得文学学士学位。

本结构，此时企业价值达到最大，最初的 MM 理论和修正的 MM 理论是资本结构理论中关于债务配置的两个极端看法。

MM 理论的基本假设为：

1. 企业的经营风险是可衡量的，有相同经营风险的企业即处于同一风险等级；

2. 现在和将来的投资者对企业未来的 EBIT 估计完全相同，即投资者对企业未来收益和取得这些收益所面临风险的预期是一致的；

3. 证券市场是完善的，没有交易成本；

4. 投资者可同公司一样以同等利率获得借款；

5. 无论借债多少，公司及个人的负债均无风险，故负债利率为无风险利率；

6. 投资者预期的 EBIT 不变，即假设企业的盈利增长率为零，从而所有现金流量都是年金；

7. 公司的股利政策与公司价值无关，公司发行新债不影响已有债务的市场价值[1]。

MM 理论是在有效市场假说的基础上更加强调了价格的重要性，价格已经包容了一切，每一个价格的产生都不是偶然的，每一个顶底的产生也不是随机的。

公司股价已经涨得很高了，公司负债很多，经营不太好，股价还会涨吗？最终他们的结果是还会涨。

所以终于证明了，价格本身已经包容消化了一切，信息是充分的，完全的。

MM 理论的局限性主要有三点：

第一，基本假设过于苛刻。前文列举了 MM 理论的 7 条基本假设，这些假设更多的是一种理想的状态，在现实中很难或者不可能达到。

第二，分析缺乏动态性。有人说：人心才是股市中最大的变数。人

---

[1]：本节内容部分援引自百度百科以及百度文库。

心是最难以捉摸的事物,而在 MM 理论中却没有考虑人们的思想情绪会随着时间的变化而发生转变。

第三,无实证检验的支撑。因为假设中很多理想的状态,所以两位"M 教授"不能找出一个股票的例子来验证他们的理论。

上述三条局限无疑是 MM 理论受到质疑的重要原因。尽管饱受质疑,仍不能否认 MM 理论的提出对于技术分析发展具重要意义。在有效市场假说和 MM 理论被提出之前,技术分析曾一度被认为是巫术一流,直到技术分析者众多的今天,技术分析也常为反对者所诟病。但笔者相信,随着时代的进步和股市的发展,技术分析也必将会越来越完善,会有更多的投资者加入技术分析者的行列。

技术分析和基本分析在不同市场中的有效性

实际上不光是技术分析,近年来,基本分析的有效性也开始受到质疑。巴菲特在 1984 年哥伦比亚大学的演讲中开篇即说道:目前许多撰写教科书的教授认为,格雷厄姆与多德追求"价值远超过价格的安全保障"这种证券分析方法已经过时。他们认为,股票市场是有效率的市场;换言之,股票价格已经充分反映了公司一切已知的事实以及整体经济情况。这些理论家认为,市场上没有价格偏低的股票,因为聪明的证券分析师将运用全部的既有资讯,以确保适当的价格。投资者能经年累月地击败市场,纯粹是运气使然。"如果价格完全反映既有的资讯,则这类的投资技巧将不存在。"一位现今教科书的作者如此写道[1]。

---

[1]:1984 年,在庆祝格雷厄姆与多德合著的《证券分析》发行 50 周年大会上,巴菲特进行了一次题为"格雷厄姆—多德都市的超级投资者们"(**The Superinvestors of Graham-and-Doddsville**)的演讲,在演讲中回顾了 50 年来格雷厄姆的追随者们采用价值投资策略持续战胜市场的无可争议的事实,总结归纳出价值投资策略的精髓,在投资界具有非常大的影响力。本段援引自新浪微博。

当然,在整场演讲中,巴菲特列举了50年来格雷厄姆的追随者们采用价值投资策略持续战胜市场的无可争议的事实,漂亮地反击了这种观点。但这也说明无论技术分析还是基本分析,它们的有效性都受到了质疑。

不可否认的是,我们有太多的依据来证明技术分析和基本分析的有效性,但无论技术分析还是基本分析都有其适用范围,也就是说,在某些特定情况下,这些投资分析方法的实用性会受到影响。这实际上是一个老生常谈的问题——到底是技术分析有用还是基本分析有用?我们来看下图:

	技术分析	基本分析	组合管理
无效市场	有效	有效	积极进取
弱式有效	无效	有效	积极进取
半强式有效	无效	无效	积极进取
强式有效	无效	无效	消极保守

图 2.1.A　市场的有效性和投资分析的关系图

如图 2.1.A 是市场的有效性和投资分析的关系图,首先我们要明白无效市场、弱式有效市场、半强式有效市场和强式有效市场的定义和性质。

无效市场理论是建立在索罗斯的哲学研究基础之上的一种市场理论。它认为人的认知并不能达到完美,所有的认识都是有缺陷的或是歪曲的,人们依靠自己的认识对市场进行预期,并与影响价格的内在规律、价值规律相互作用,甚至市场的走势操纵着需求和供给的发展。这样就得到了一个结论:我们所要对付的市场并不是理性的,是一个无效市场。

弱式有效市场假说认为市场价格已充分反映出所有过去的证券价格信息,包括股票的成交价、成交量、卖空金额、融资金额等。因这些信息已免费公开于投资大众,假如这些历史信息中隐藏有关股票未来表现的信息,则投资大众会迅速地挖掘这些资料,采取买卖交易行为,使股价变动充分地反映出这些信息。

在弱式有效市场上,证券价格的未来走向与其历史变化之间是相互独立的,服从随机游走理论。在弱式有效市场上,投资者无法依靠对证券价格变化的历史趋势的分析(这种分析主要表现为对证券价格变化的技术分析)所发现的所谓证券价格变化规律,来始终如一地获取超额利润。对弱式有效市场假说的大量实验检验表明,扣除交易成本后,市场基本上是弱式有效的。弱式有效市场假说成立的话,证券市场的历史资料将失去作用,技术分析无用武之地,但基本分析尚可挖掘一些低价高值的股票。

半强式有效市场假说认为所有公开的可用信息假定都被反映在证券价格中,不仅包括证券价格序列信息,还包括公司财务报告信息、经济状况的通告资料和其他公开可用的有关公司价值的信息、公布的宏观经济形势和政策方面的信息。

如果市场是半强式有效的,那么仅仅以公开资料为基础的分析将不能提供任何帮助,因此针对当前已公开的资料信息,目前的价格是合适的,未来的价格变化依赖于新的公开信息。在这样的市场中,只有那些利用内幕信息者才能获得非正常的超额回报。

强式有效市场假说认为证券价格完全地反映一切公开的和非公开的信息。投资者即使掌握内幕信息也无法获得额外盈利,任何专业投资者的边际市场价值为零。

强式有效市场代表信息处理能力最强的证券市场。在该市场上,有关证券产品的任何信息一经产生,就得以及时公开,一经公开就能得到及时处理,一经处理,就能在市场上得到反馈。信息的产生、公开、处

股市获利阶梯

理和反馈几乎是同时的。同时，有关信息的公开是真实的、信息的处理是正确的、反馈也是准确的。结果，在强式有效市场上，每一位交易者都掌握了有关证券产品的所有信息，而且每一位交易者所占有的信息都是一样的，每一位交易者对该证券产品的价值判断都是一致的，并且都能将自己的投资方案不折不扣地付诸实施。因此，对于强式有效证券市场来说，不存在因证券发行者和投资者的非理性所产生的供求失衡而导致的证券产品价格波动，证券的价格反映了所有即时信息。

强式和半强式有效市场的区别在于信息公开的效率是否受到影响，即是否存在未公开的内幕信息。在强式有效市场上，信息一经产生即被公开，不存在信息公开的不完整性，任何处于信息源头的人都不可能因对该信息的先期占有或内幕占有而获得额外的利润。而在半强式有效证券市场上，信息公开是不完整的，涉及证券产品价格的信息是有意识、有选择地公开，存在没有被公开的内幕信息。

弱式有效市场与强式、半强式有效市场的区别在于：在一个弱式有效市场上，除了信息的公开程度存在着差别之外，投资者对公开信息的理解和判断也存在着专业性和非专业性的区别。一般的投资者对公开信息的理解处于比较浅的层次，很难对公开信息的价值做出全面、正确和理性的判断。只有那些专业投资者和机构投资者才有能力全面、正确和理性地解读，并判断出公开信息所包含的真正价值。结果，在弱式有效市场上，除了通过掌握内幕信息可以获得超额利润之外，那些专业性的投资者就可以利用他们在信息分析上的专业优势，获得额外的利润。

弱式有效市场与强式、半强式有效市场的共同点：他们都能保证信息从被公开到被接收的高效率和投资者实施自己投资决策的高效率[1]。

各国的股票市场经历了数十年乃至数百年不等的发展，现在全世界的股票市场都属于无效市场，市场上会出现很多不可预测的情况。

---

[1]：本段内容援引自百度百科。

虽然技术分析是建立在有效市场理论和 MM 理论的基础上的，但是投资者会发现，作为现代金融理论基石的有效市场假说（EMH），越来越多地被实践证明很难有效地呈现出来；因为股市很多情况下是混沌的、不合理性的和非线性的。所以对资本市场的量化、标准化分析显得尤为重要，这一难题直到 20 世纪 90 年代分形市场理论的出现，才更加清晰明朗，分形理论成为研究资本市场价格波动的量化标准。

在下一节中，笔者将对分形进行概述。

第二节　分形概述

无数的投资者在为股市是否可以预测而争论不休。

很多人难以理解仅凭着几个数学模型就能预测出股指未来的走势，并且成功率达到惊人的程度。因为影响股市的因素是多种多样的，宏观经济形势、行业发展状况、上市公司景气度、政府的政策等种种因素都会影响股指，怎么可能通过几个数学模型来预测出股市未来的走势呢？

江恩曾说过，股价的运行就像水的流动一般，在没有外力的影响下，水通常都会从高处流向低处。人可以借助外力使水从低处流向高处，但是一旦外力消失，水仍旧会按照其固有的从高处往低处流的特性来运行。股价的运行也是如此，种种的外部因素可以在短期内影响股价的运行，但是一旦这些外力消失，市场将仍旧遵循其固有的运行规律。

上一章中的案例也证明了市场确实是可以预测的。但是普通投资者在自己计算的过程中遇到的最大困难就是找不准计算的基础点。要想解决这个问题，就需要认识一下预测学的基础：分形理论。

股市获利阶梯

分形起源

自古以来，人们研究了如直线、圆、抛物线、双曲线等规则图形，这些是欧氏几何、解析集合和微积分研究的主要图形。30多年前，由美籍数学家曼德布罗特创建的分形几何，研究了自然界中最常见的、不规则的、不稳定的、变化莫测的现象。他说：云彩不是球，山岳不是锥，海岸线不是圆，树皮不是光滑曲面，闪电不是沿直线传播的。

分形理论是当今十分活跃的新理论、新学科。1967年，曼德布罗特在美国权威的《科学》杂志上发表了题为《英国的海岸线有多长？》的著名论文，从而提出了分形这一概念。海岸线作为曲线，其特征是极不规则、极不光滑的，呈现极其蜿蜒复杂的变化。我们不能从形状和结构上区分这部分海岸与那部分海岸有什么本质的不同，这种几乎同样程度的不规则性和复杂性，说明海岸线在形貌上是自相似的，也就是局部形态和整体形态的相似。在没有建筑物或其他东西作为参照物时，在空中拍摄的100公里长的海岸线与放大了10倍的10公里长的海岸线的两张照片，看上去十分相似。事实上，具有自相似性的形态广泛存在于自然界中，如：连绵的山川、飘浮的云朵、岩石的断裂口、布朗粒子运动的轨迹、树冠、花菜、大脑皮层……曼德布罗特把这些部分与整体以某种方式相似的形体称为分形。1975年，他创立了分形几何学，在此基础上，才形成了研究分形性质及其应用的科学，称为"分形理论"[1]。

我们可以把分形市场假说的主要论点归纳如下：

1. 当市场是由各种投资期限的投资者组成时，市场是稳定的。在一个稳定的市场中，足够的流动性可以保证证券的正常交易。

2. 信息集对基本分析和技术分析来讲短期影响比长期影响要大。随着投资期限的增大，更长期的基本面分析更加重要。因此，价格的变化

---

[1]：本段内容部分引自搜狗百科。

可能只反映了信息对相应投资期限的影响。

3. 当某一事件的出现使得基础分析的有效性值得怀疑时，长期投资者或者停止入市操作或者基于短期信息进行买卖。当所有投资期限都缩小为同一种投资水平时，市场就会动荡不定，因为没有长期投资者为短期投资者提供这种流动性来稳定市场。

4. 价格是短期技术分析和长期基础分析的综合反映。因此，短期价格变化的波动性更大，或者说"噪声更多"。而市场的潜在趋势反映了基于经济环境变化而变化的预期收益。

5. 如果某种证券与经济周期无关，那么它本身就不存在长期趋势。此时，交易行为、市场流动性和短期信息将占主导地位。

如图 2.2.A 是有效市场理论与分形市场理论的比较图。

特征	有效市场理论	分形市场理论
市场特性	线性孤立系统	非线性、开放、耗散系统
均衡状态	均衡	允许非均衡
系统复杂性	简单系统	具有分形、混沌等特性的复杂系统
反馈机制	无反馈	正反馈
对信息的反应	线性因果关系	非线性因果关系
收益序列	白噪声 不相关	分数噪声 长记忆(对于初始值敏感)
价格序列	布朗运动(H=0.5)	分数布朗运动(H∈[0.5,1))
可预测性	不可预测	提供了一个预测的新方法
波动有序性	无序	有序
二者之间关系	有效市场是分形市场的一个特例 分形市场拓展了有效市场的含义 分形市场理论更广泛地、准确地刻画市场	

图 2.2.A 有效市场理论与分形市场理论的比较

与有效市场假说观点不同的是，分形市场假说认为信息的重要性是按照不同投资期限的投资者来判断的。由于不同投资者对信息的判断不同，所以信息的传播不是均匀扩散的。在任一时间点，价格并没有反映所有已获得的信息，而只是反映了与投资期限相对应的信息的重要性[1]。

---

[1]：本段内容部分引自百度百科。

分形理论的产生有十分重大的意义,被称为20世纪70年代世界三大科学发现之一;已被广泛地应用到包括天文、地理、生物、计算机、哲学等在内的诸多研究领域之中,构成了当代科学前沿的一个被广义地称为"分形学"的学科,属范围十分广阔、研究成果相当丰硕以及前景诱人的热门研究领域。近20年间,分形理论被引入股市,许多机构和个人花费大量的精力试图发现分形理论在股市中的应用。

下面将要讲述的是各位读者最关心的部分——分形理论在股市中的应用。

分形理论在股市中的应用

分形理论的核心内容是事物的整体与局部之间存在着很大的相似性。这一点被引入股市中,并极大地拓展了技术分析的范畴。讲到分形理论在股市中的应用,就不得不明确分形这一概念。

分形是股市中的基本概念之一,它有很多特点:首先,分形具有精细的结构,可以无限细分;同时具有不规则性,不能用传统的几何语言将它描述出来;分形具有统计自相似,可通过迭代产生;同时分形不能用通常测度量度且分维一般大于拓扑数。

分形的定义有很多种,由前文中笔者列举的分形特点,我们可以总结出其中最简单,也是最易于理解的定义:分形是局部与整体具有相似特征的一个集。

分形最基本的特征是其自相似性,即某一对象的局部与整体在形态、功能、信息、时间、空间等方面具有相似性。这种自相似性在生活中有许多体现,比如血管的分布、大脑的构造、河流的形态等。

分形包括上分形与下分形。上分形是指股价出现最高点后开始下跌,在最高点的左侧出现两个相对降低的高点(注意不一定是两根K线),在最高点的右侧也出现两个相对降低的高点。这几根K线就构成了一个基本的上分形。

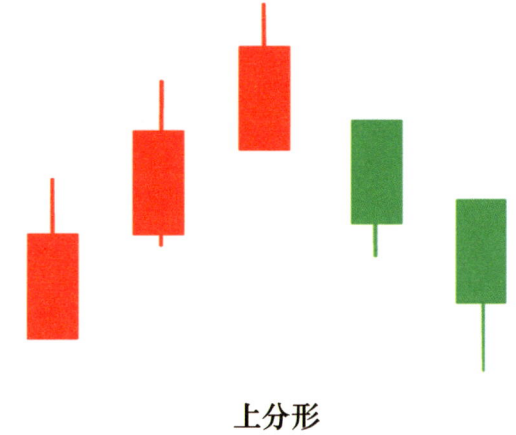

上分形

图 2.2.B 上分形形态示意图

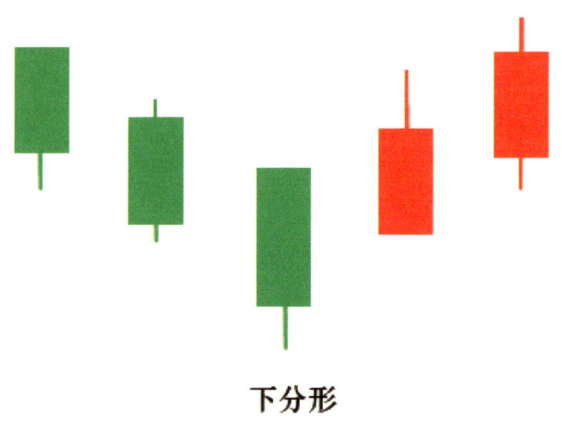

下分形

图 2.2.C 下分形形态示意图

为方便读者理解，本节中笔者只是简单地讲述了两种分形的形态，在逐步深入学习的过程中，笔者还会对分形的形态进行具体的讲解。

需要注意的是，前文中对于上分形和下分形的描述，是一种轮廓化

的描述，在 K 线图中上分形和下分形往往是体现为最低或者最高的中位线与相对于中位线高点低点依次降低或抬高的分形线组成。具体情况在后面的内容中会有详细讲述。

在这里笔者想要强调的一点是，上分形的最高点与下分形的最低点在预测中具有最强的分析意义。这一点是每位读者都需要牢记的，因为分形的这一条性质不只会在本章或者这一本书中体现，在其他几本"模型理论"丛书中也会不止一次地体现这条性质。对于这条性质，可能有些读者现在不是很理解，笔者的建议是先牢记，再理解，因为你一旦在后面的学习中真正地掌握了这条性质将会受用无穷。

分形撑压线的支撑和压力作用

提到支撑和压力作用，一般与股市中的"线"相关，分形的支撑和压力作用也是如此，也就是说，在正式开始学习分形在股市中的应用之前，首先我们需要引入一个新的概念——分形撑压线。

分形撑压线是指以上分形或者下分形左侧第 3 个低点或者高点为基础画出的水平线。

前文中笔者讲到分形有上分形和下分形两种，相应的分形撑压线也分为上分形中的分形支撑线和下分形中的分形压力线。

上分形中的分形支撑线是指以上分形左侧的第 3 根相对于中位线高点相对降低的 K 线的最低点为基础画出的水平线，如图 2.2.D 所示。

这里需要注意的是，上分形的分形支撑线选取的是上分形最高点 K 线左侧第 3 根低点相对降低的 K 线（包括最高点这一根 K 线）的最低点作水平线，很多投资者在使用时容易把方向弄反。

下分形中的分形压力线是指以下分形左侧的第 3 根高点相对抬高的 K 线的最高点为基础画出的水平线，如图 2.2.E 所示：

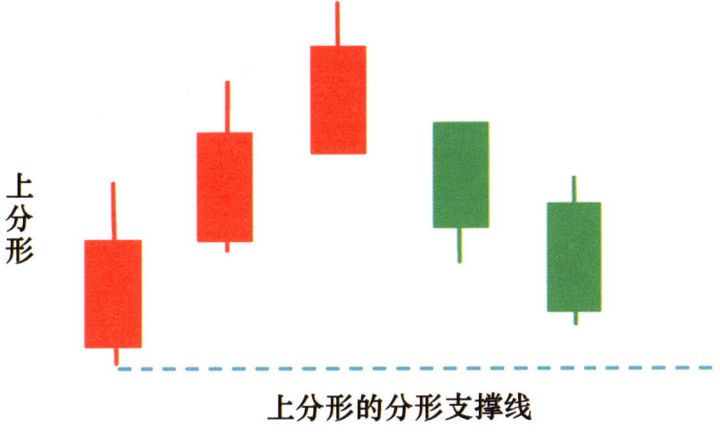

图 2.2.D　上分形分形支撑线示意图

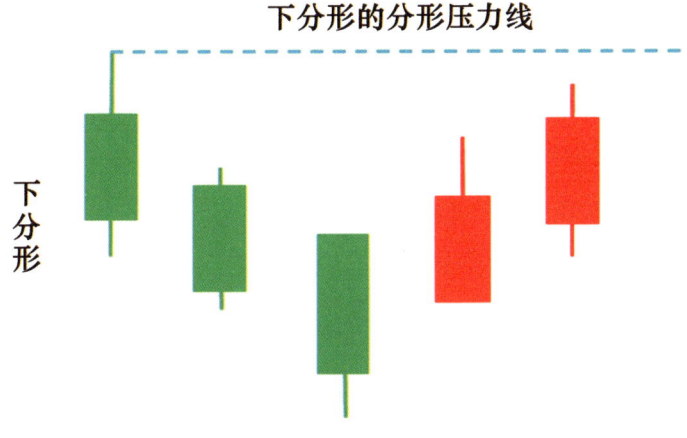

图 2.2.E　下分形分形压力线示意图

从图 2.2.D 和图 2.2.E 中我们可以看到，不管是上分形还是下分形，分形线选取的都是最高点或最低点 K 线左侧的第 3 个新低点或新高点作水平线，这是很多投资者容易混淆的地方，也是很多人用不好分形线的症结所在。

明白了分形撑压线的定义之后，就可以进一步了解它的性质，在股市中分形撑压线会对股价形成重要的支撑或压力。

上分形的分形线主要对股价的运行起支撑作用。如图 2.2.F 所示：

图 2.2.F　分形支撑线在大盘上的支撑作用

图 2.2.F 是 1A0001——上证指数从 2015 年 8 月 17 日到 2016 年 1 月 28 日的日 K 线走势图。图中左侧指数暴跌之后反弹，出现一个波段高点，即 2015 年 8 月 28 日最高点 3235.84 点，标记为点 A。之后指数的走势形成一个上分形，可以看到这个上分形非常标准，在最高点 A 的两侧，相邻的两根 K 线的最高点和最低点依次降低，我们用 A、B、C、D、E 来标记这个上分形。则点 D 的最低点是上分形左侧第 3 个低点，为 2850.71，过这一点作一条水平线即上分形的分形支撑线。

前文中笔者说上分形的分形支撑线主要对股价的运行起支撑作用，图中经过半年的运行之后指数再次下跌到分形支撑线附近，并且在此处连续 3 次受到支撑，反弹点位都在距离分形支撑线 3 个点以内。可以看到，即使经过半年的运行，上分形的分形支撑线依然对指数具有强大的支撑作用。

下面我们来看一只个股上的案例：

图 2.2.G　上分形分形支撑线的支撑作用

如图 2.2.G 是 000776——广发证券从 2016 年 2 月 18 日到 3 月 21 日的日 K 线走势图，图中波段最高点出现在 2016 年 3 月 7 日的 14.84 元，标记为点 A。之后股价的走势形成了一个上分形，我们用字母 A、B、C、D、E 来标记图中的上分形（未以字母标记的 K 线不符合高点和低点都依次降低的条件，跳过）。那么根据前文中笔者讲的上分形的分形支撑线画法，图中上分形左侧的 3 个低点分别是 K 线 A、B、D 的低点，D 是第 3 个低点，为 13.39 元，过这一点作一条水平线即分形支撑线。可以看到股价在 2016 年 3 月 11 日触及分形支撑线，受到支撑再次起涨，最低点为 13.39 元，与分形支撑线的位置一点不差！充分体现出了分形支撑线的支撑作用。

下分形的分形压力线也是如此，只不过它主要对股价的运行起压力作用。如图 2.2.H 所示：

图 2.2.H　分形压力线在大盘上的压力作用

　　图 2.2.H 是 1A0001——上证指数从 2015 年 10 月 30 日到 2016 年 1 月 13 日的日 K 线走势图，图中指数经过一段上涨横盘之后出现了小幅下跌，波段最低点出现在 2015 年 11 月 30 日的 3327.81 点，标记为点 A。之后指数的走势形成了一个下分形，我们用字母 A、B、C、D、E 来标记图中的下分形，可以看到这个下分形也非常标准，在最低点 A 的两侧相邻的两根 K 线的最高点和最低点依次抬高，没有出现间隔。那么根据前文中笔者讲到的下分形的分形压力线画法，图中下分形左侧的 3 个高点分别是 K 线 A、B、D 的高点，D 是第 3 个高点，为 3668.38 点，我们过这一点作一条水平线，则这条水平线即下分形的分形压力线，如图中蓝色虚线标识。

　　下分形的分形压力线主要对股价产生压力的作用，可以看到指数在 2015 年 12 月 23 日接近分形压力线时再次受压，开始进入大幅下跌走势。

　　同样看一下个股的情况，如图 2.2.I 所示：

图 2.2.I　下分形分形压力线的压力作用

　　图 2.2.I 是 600096——云天化从 2015 年 10 月 29 日到 2016 年 2 月 4 日的日 K 线走势图。股价经过图中左侧的一波上涨之后出现了小幅下跌，波段最低点出现在 2015 年 12 月 11 日的 12.55 元，标记为点 A。之后股价的走势形成了一个下分形，我们用字母 A、B、C、D、E 来标记图中的下分形（B 和 D 之间未以字母标记的 K 线不符合高点和低点都依次抬高的条件，跳过）。那么根据前文中笔者讲到的下分形的分形压力线画法，图中下分形左侧的第 3 个高点是 D 的最高价 14.05 元，过这一点作一条水平线即下分形的分形压力线。

　　可以看到股价在 2015 年 12 月 25 日触及分形压力线，受到压力开始大幅下跌，这一天的最高价为 14.09 元，与分形压力线的位置只相差 0.04 元。

分形线判断趋势的终结

在上述的案例中，我们可以看到上分形分形支撑线对于未来股价的支撑作用和下分形分形压力线对于未来股价的压力作用。

在图 2.2.F（分形支撑线在大盘上的支撑作用）这一案例中，股价多次受到支撑之后最终跌破了分形支撑线，那么这种情况意味着什么呢？这就涉及分形撑压线的第二个作用——判断趋势的终结。

我们还是以大盘在图 2.2.F 中的这一段走势为例，当股价跌破分形支撑线之后，又会产生什么样的变化呢？如图 2.2.J 所示：

图 2.2.J　大盘分形支撑线判断趋势终结

图 2.2.J 是图 2.2.F 中大盘走势图后的一小段走势，可以看到，当指数最终在 2016 年 1 月 26 日以长阴线跌破分形支撑线的支撑之后，很快指数的下跌趋势就终结了，那么我们可以做出初步推测，如果市场跌破了分形支撑线的支撑，则表明原有趋势的终结。

图 2.2.K　个股分形支撑线判断趋势终结

这种情况是否是个例呢？我们来看下面一个案例：

如图 2.2.K 是 000004——国农科技从 2015 年 10 月 28 日到 2016 年 1 月 22 日的日 K 线走势图。图中左侧股价开始呈现上涨走势，波段最高点出现在 2015 年 12 月 23 日的 52.83 元，标记为点 A。随后股价走势出现了完整的上分形结构，标记为 A、B、C、D、E，过 D 点作一条水平线即上分形的分形支撑线，如图中蓝色虚线标识。可以看到当股价在 2016 年 1 月 4 日跌破分形支撑线之后，由上涨走势转为下跌走势。

既然这种现象不是个例，那么我们可以得出结论：若市场跌破分形支撑线的支撑，往往表明原有趋势的终结。那么在下分形的分形压力线中，如果市场突破分形压力线的压力作用，是否也预示着趋势即将改变呢？我们来看一个案例：

图 2.2.L 分形压力线的突破预示着趋势终结

图 2.2.L 是 000001——平安银行从 2014 年 9 月 5 日到 12 月 9 日的日 K 线走势图。图中左侧股价开始呈现横盘走势，波段最低点出现在 2014 年 10 月 27 日的 8.24 元，标记为点 A。随后股价走势出现了完整的下分形结构，标记为 A、B、C、D、E（B 和 D 之间 19 个交易日最高点都小于 B 点的最高点，不符合分形条件）。过 D 点作一条水平线即下分形的分形压力线，如图中蓝色虚线标识。可以看到当股价在 10 月 30 日突破分形压力线之后，横盘走势终结，并开始了大幅度上涨走势。

综合前文中的案例，我们可以得出结论：若市场跌破分形撑压线的支撑，往往表明原有趋势的终结。这就是用分形撑压线判断趋势终结的方法。

分形高低点对预测的意义

预测就是通过已知的信息来推导出未知的信息。而对于股市预测来说，股市未来的秘密都隐藏在已知的高低点上，但并不是每一个高低点都有分析意义。分形的最高点与最低点对于预测的分析意义是最强的。所以对于想学预测的投资者来说,就要了解分形的意义并学会寻找分形的最高点与最低点。

在技术分析中,分形的应用非常广泛,在后面的讲述中我们还会不断地涉及。本节中所列举的只是分形的应用方法中最简单的几种,在后面的内容中,笔者将为大家逐一揭开分形的神秘面纱。

第三节 分形与台阶预测

在本章中,笔者用了大量的篇幅讲述分形,那么分形与模型理论以及我们第一章讲到的台阶又有什么样的关系呢?

想要解决这个问题,就要从分形的自相似性开始谈起。

Koch 曲线

大家都知道,雪花是由无数个对称的、相似的图案组合成的,下图中的雪花图形又是如何画出来的呢?

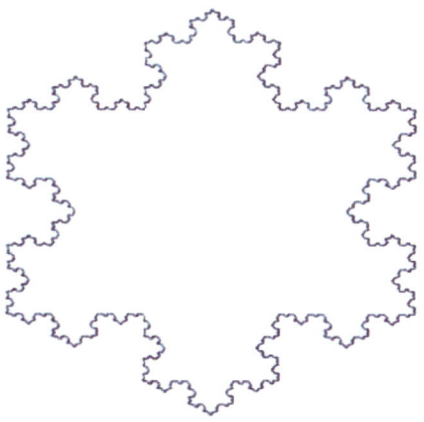

图 2.3.A　Koch 雪花图

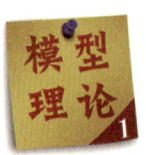

图 2.3.A 中的雪花图形实际上就是 Koch 曲线，Koch 曲线是一种典型的分形体，它是由瑞典数学家柯曲(H.Von.Koch)在 1904 年首次提出的。

Koch 曲线是一种规则分形，它的生成方法也非常简单，如图 2.3.B 所示：

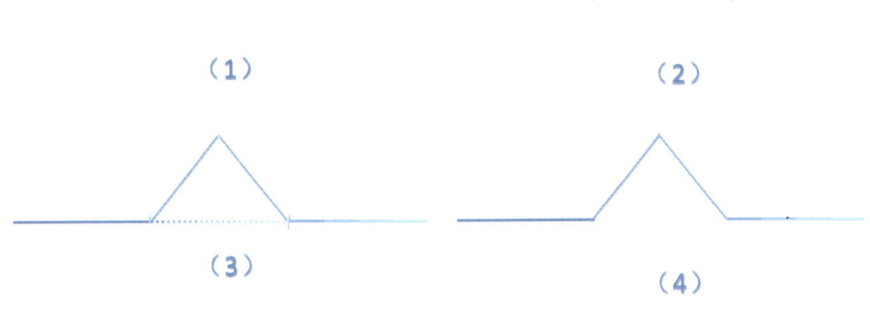

图 2.3.B　Koch 曲线生成示意图（一）

首先我们需要一条线段如图 2.3.B（1）；我们将这条线段分为 3 段等长的部分，如图 2.3.B（2）；去掉中间的部分，然后用一个边长等于线段长度三分之一的等边三角形来替代，如图 2.3.B（3）；最后去掉三角形的底边得到图 2.3.B（4）这样的图形；我们把这个图形称为 Koch 曲线的一次生成元。

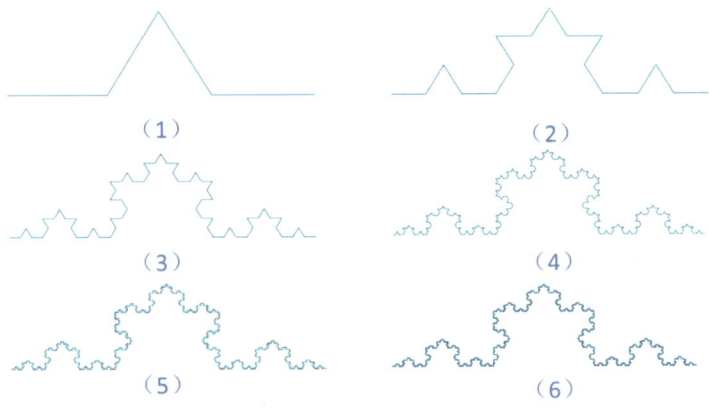

图 2.3.C　Koch 曲线生成示意图（二）

我们把一次生成元中的每一条直线都重复上述的步骤，就得到了二次生成元，如图 2.3.C（2），我们把一次生成元到二次生成元的这一过程称为"迭代"。以此类推图中的（2）（3）（4）（5）（6），经过无数次迭代之后，就会得到一条无穷多弯曲、处处相连却又处处不光滑的 Koch 曲线，图 2.3.A 中的雪花图形就是由这样的 Koch 曲线构成的。

前文中笔者说过 Koch 曲线是一种典型的分形体，它的性质包括以下几点：

1. 自相似性。举一个简单的例子，我们可以把二次生成元中的某一部分放大 3 倍，如图 2.3.D（1）中红色框线标识，就会得到一次生成元；把三次生成元的某一部分放大 9 倍，如图 2.3.D（2）中红色框线标识，同样也能得到一次生成元。

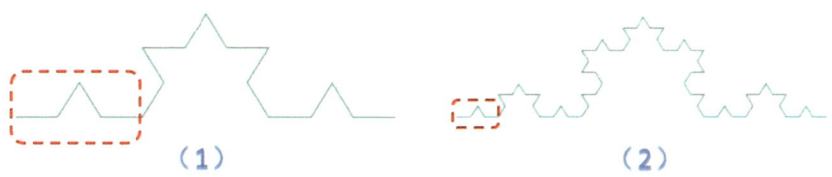

图 2.3.D　Koch 曲线的自相似性

2. 结构精细。无论缩小到什么程度，Koch 曲线都能够存在精细的曲线结构。

3. Koch 曲线的几何性质几乎无法用传统的数学方法进行描述。Koch 曲线的特点是处处相连，但是处处不可微。

4. Koch 曲线因为处处曲折，所以长度无可测量（或者可以认为是无穷大），但是面积为零。

5. 虽然 Koch 曲线十分复杂，但是结构相对简单，可以通过单位直线线段的迭代来生成，如前文中图 2.3.B 至图 2.3.C 中的 Koch 曲线的生成过程。

也就是说，图 2.3.A 中复杂的雪花图形中的任何一个部分都可以用最简单的 Koch 曲线生成元来生成。而实际上，股市的走势也是分形结构，股市中是否也会体现出类似 Koch 曲线的某些性质？

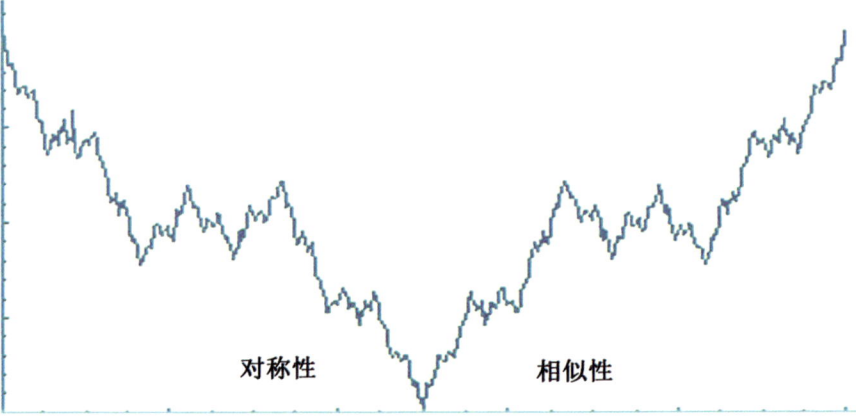

图 2.3.E　股市的走势也是分形结构

前文中笔者讲到分形存在自相似性，可以无限地细分。股市也是如此，5 分钟线会影响到小时线；小时线影响日线；日线影响月线；月线影响年线……股价的走势表面上看起来好像毫无规律，但其内在的运行规则都是一样的。就像图 2.3.E，股市中所有的走势都是具有对称性和相似性的，所有的走势都可以从图中分裂出来。这也就是道氏理论认为历史总会不断重复的原因，因为股价的走势具有相似性。正是因为股价的走势具有对称性和相似性，才有了模型理论，才有了数形结合的预测方法，才能够做到像第一章那样精准到一个点不差的预测。这就是分形的魅力，这就是分形与台阶预测的关系。

股市中的对称和相似

股市中的对称形式多种多样，可以是轴对称（包括横轴、竖轴、斜轴等多种对称情况），也可以是中心对称，甚至可以是角度对称，同样的走势选择不同的参考系也会有不同的对称方式，如图 2.3.F 所示：

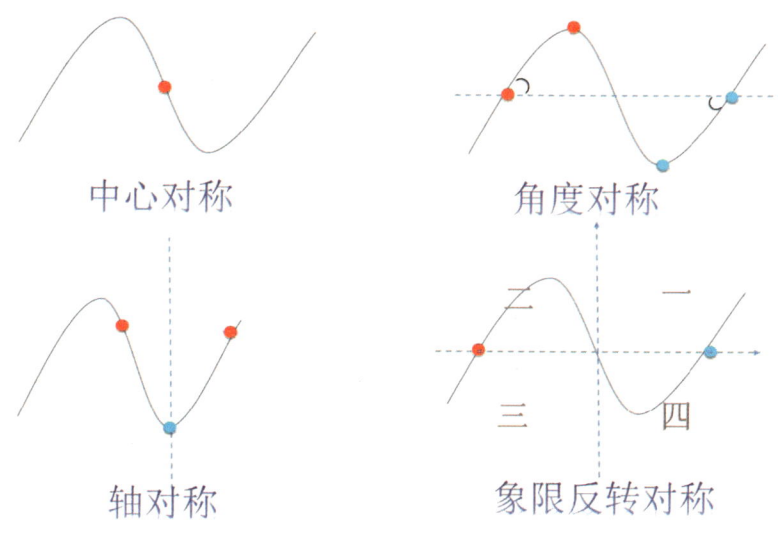

图 2.3.F　股市中的几种对称方式

图 2.3.F 是同一段横 S 形走势选择不同的参考系产生的不同对称方式。中心对称和轴对称都属于生活中常见的对称方式，相信各位读者也不难理解，笔者要详细讲述的是角度对称和象限反转对称两种情况。角度对称的示意图中股价在两个红点之间的走势和两个蓝点之间的走势是相似的，并且，这两段走势与作为参考系的蓝色虚线所成的角度也是相近的。在图中笔者用黑色弧线标记这两个角度，这种对称方式被称为角度对称。

象限反转对称，学过亚当理论的读者应该会比较容易理解，实际上这种对称方式有点类似于中心对称。如上图的例子中，第二象限和第四象限中股价的走势就是反转对称的。也就是说，只要将第二象限中股价的横纵坐标反转就会出现和第四象限中相似的走势。

说完了对称，笔者再来介绍一下相似的现象。实际上股市中走势相似的现象非常普遍,相信各位读者也一定都有所发现。就像艾略特波浪理论中认为股价的运行一直在重复八浪浪形图一样,实际上股价在运行时也一直在重复着一个由上升和下跌组成的模型,如图 2.3.G,这也是后面笔者要讲到的四段五点模型的基础。为什么是四段五点模型,而不是由一涨一跌组成的二段三点模型?笔者在后文会详细讲解。

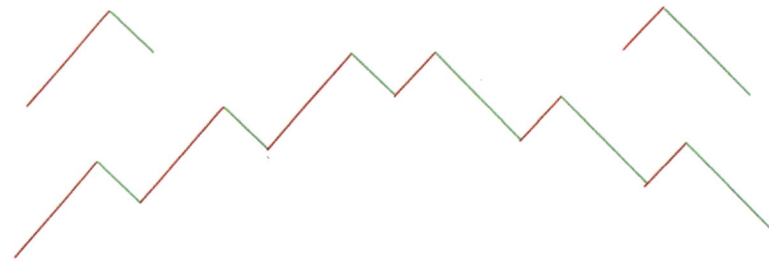

图 2.3.G　股价的运行总是在重复

因为股价总会沿着一个大趋势运行,所以我们可以把股价的波动看作是一种规律的运动,如图 2.3.H 所示:

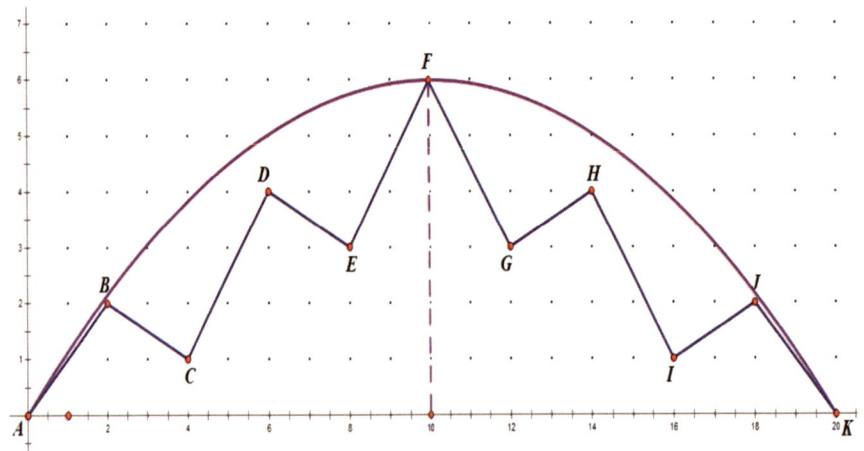

图 2.3.H　股价的波动可以被看作规律运动

图 2.3.H 中蓝色的折线代表股价的波动，而这种波动可以被简化为粉色的弧线所代表的走势，就好像殊途同归一样。股价的涨跌总是在持续和停顿的过程中，有时候只要最终的结果是一致的，过程并不重要。就像作为投资者，我们只想知道股价将会涨到什么位置，相比而言，对于股价上涨的轨迹就不那么关心了。

通过图中粉色的轨迹我们可以知道，股价实际上是按照固定的尺度来运行，那么这个尺度我们用什么来表示和衡量呢？衡量标准就是台阶。如图 2.3.I 所示：

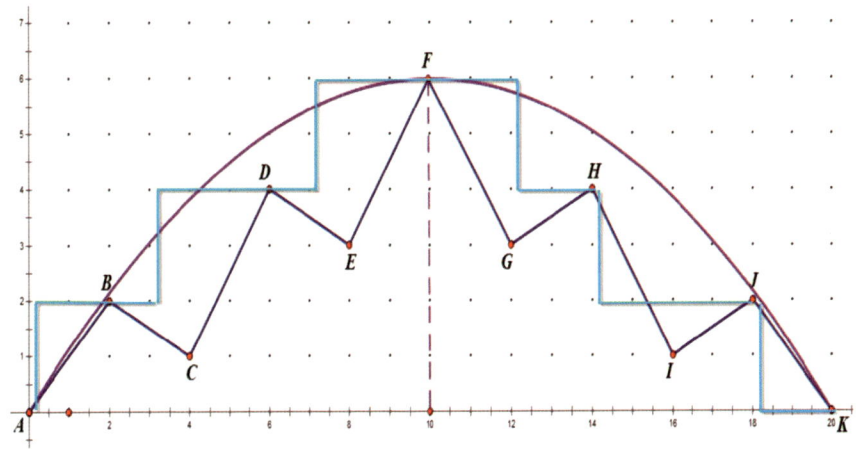

图 2.3.I　股价阶梯状运行示意图

通过前文中的讲述，台阶的原理还难以理解么？分形的概念还神秘么？股价的预测还困难么？分形的神奇之处就在于，我们只要找到股价波动的一次生成元，就可以很容易地对股价未来的走势做出预测，就像笔者在第一章做到的那样。

小 结

　　对于大多数读者而言，本章可能是整本书中最枯燥的一章了，但是喜欢研究的读者应该会知道这一章的重要性。因为笔者后文中要讲到的四段五点模型、台阶密码、对称角度等等这些方法的理念和原理都在这里。几乎整本书的理论基础都在这一章，各位读者如果读懂了这一章，再学习整本书中的知识点都会很容易。

第三章　股市统计信息

万物皆有规律，股市最明显的规律就是趋势。如何发现趋势的规律呢？股市的规律往往要依靠统计学和信息学的知识，统计建立在股市记忆的基础上，信息建立在股市周期的基础上。

股市获利阶梯

第一节　在信息中发现规律

炒股既简单又复杂，说它简单是因为炒股只有两种结果：不是赚就是赔（当然也有不赚不赔的情况，这种情况太少见而且不典型，故不予考虑）；说它复杂是因为几乎每个股民都在股市里赚到过钱，但很少有人能够持久地赚下去；同样，每个投资者都在股市里赔过钱，却很少有人知道如何才能不赔钱。

因此无数的人想弄清楚股市的逻辑和内涵，上百年来无数的专家学者在试图揭开股市的谜底。但是很遗憾，至今为止虽然有人发现了股市的一部分规律，甚至因此获得了诺贝尔奖，但是这些理论的有效性和持久性仍然受到质疑或者存在争议。

研究股市的逻辑和内涵需要的知识涉及多种学科，影响股市变化的因素之多远远超出大多数人的想象。在众多的学科中，对股市的预测往往是建立在统计学和信息学的基础上，这两门学科是股市规律发现的源泉。

统计学和信息学是两门不同的学科，在某些问题上，它们互相接界、互相汇合。股市中的统计预测和信息预测就分别是以统计学和信息学这两门学科为基础的，所以，根据习惯上的理解，这两门学科各有独特的性质，但也并不排除它们之间的边缘接界或互相汇合。有一种学科分类把统计学归属到信息学中，把统计量也作为信息的一类特例，这样，统计预测也就包含在信息预测之中了。

当然，作为一名普通的投资者，没有必要精通这两门学科，规律的发现很艰难，规律的使用则很简单。投资者虽不用掌握规律推导的过程，但也要有一定的了解，做到知其然并且知其所以然，这样在使用这些规律的时候，就能更加得心应手，而且也能够在原有规律的基础上发现新的规律。

统计学与信息学

统计学（Statistics）是应用数学的一个分支，主要通过利用概率论建立数学模型，收集所观察系统的数据，进行量化分析、总结，做出推断和预测，为相关决策提供依据和参考。它被广泛地应用在各门学科上，从物理和社会科学到人文科学，甚至被用于商业及政府的情报决策上。随着数字化的进程不断加快，人们越来越多地希望能够从大量的数据中总结出一些经验规律，从而为后面的决策提供一些依据。统计学专业不是仅仅像其字面上表示的那样，只是统计数字，而是包含了调查、收集、分析、预测等。应用的范围十分广泛。

统计学的起源：统计学的英文 Statistics 最早源于现代拉丁文 Statisticum Collegium（国会）以及意大利文 Statista（国民或政治家）。德文 Statistik，最早是由高特弗瑞德·阿亨瓦尔（Gottfried Achenwall）于 1749 年使用，代表对国家的资料进行分析的学问，也就是"研究国家的科学"。在 19 世纪，统计学在广泛的数据以及资料中探究其意义，并且由约翰·辛克莱尔（John Sinclair）引进英语世界。

统计学是一门很古老的科学，一般认为其学理研究始于古希腊的亚里士多德时代，迄今已有两千三百多年的历史。它起源于研究社会经济问题，在两千多年的发展过程中，统计学至少经历了"城邦政情""政治算数""统计分析科学"3 个发展阶段。所谓"数理统计"并非独立于统计学的新学科，确切地说，它是统计学在第 3 个发展阶段所形成的所有收集和分析数据的新方法的一个综合性名词。概率论是数理统计方法的理论基础，但是它不属于统计学的范畴，而属于数学的范畴[1]。

实际上，笔者认为在股市中，统计学的概念更加贴近于应用统计学，即主要是调查、收集、观察对象的数据信息，并通过描述统计等技术，

---

[1]：以上内容援引自百度百科及百度文库。

分析观察对象的特征，发现事物的规律，进行预测、监督，以实现社会经济良性运行[1]。

信息学是研究信息的获取、处理、传递和利用的规律性的一门学科。信息可以认为是信息体系中的元素、元素集或子体系。那么，什么是信息体系？本文认为信息体系是受人们主观定义约束的秩序类。主观定义的约束可以是：某种理解、信念、设想、定理、法则、规律、法律、契约、编码等。

有许多关于信息的定义。如"使消息中所描述事件出现的不定性减少""消息中所含的意义，它不随载荷它的物理设备形式的改变而改变"，又如"信息这个名称的内容是我们对外界进行调节，并使我们的调节为外界所了解时而与外界交换来的东西"[2]。

前文中有很多学术性的内容，有些读者读过之后仍然难以理解统计学和信息学与股市有什么关系，那么在股市中什么叫作统计学，什么叫作信息学呢？举个例子，比如某一只股票在10个交易日内股价从1元涨到100元，那么我们可以知道这只股票平均每天上涨10元，这种通过统计数据得出规律的学科，就是统计学。

什么叫作信息学？同样以股价为例，通过研究，我们可以发现股价运行的高低点和这只股票历史走势中的高低点之间的关系。简单来说，就是研究某一个信息的出现对未来会产生什么样影响的学科，叫作信息学。

统计学在股市中的应用

统计学在股市中的应用，其实就是统计数据，进而得出结论或者发现规律的过程。

---

[1]：应用统计学的概念援引自百度文库。
[2]：本段内容部分引用自互联网。

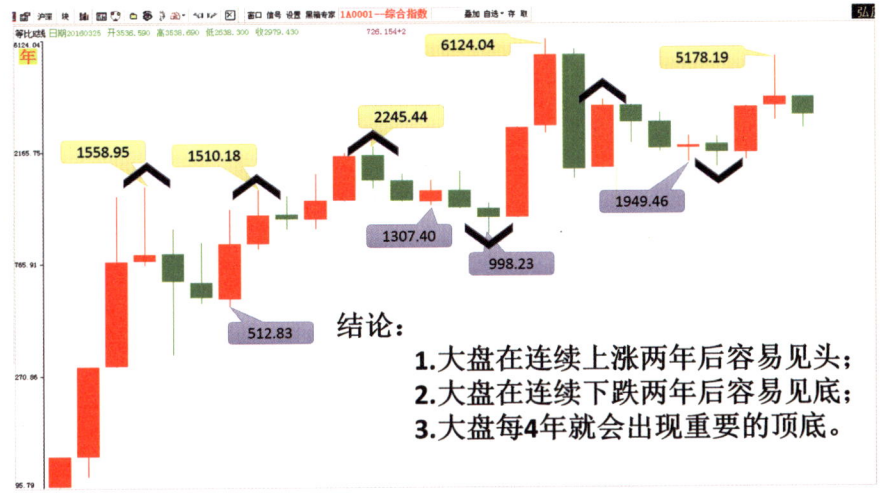

图 3.1.A　年线统计规律

如图 3.1.A 是上证指数从 1990 年至 2016 年的年线图。这幅图所反映的信息实质上是把历年上证指数的高低点数据统计出来。仔细观察，就会发现其中的规律，指数出现连续 2 年的上涨以后就容易出现高点。反映在上面的图中，就是连续的两根阳线之后指数就会发生转折，出现高点。

但是有些读者会发现，图中最左侧从 1990 年到 1993 年，连续 4 年的上涨才出现高点 1558.95，难道在最开始的一段时间，指数的运行就不符合这条规律么？实际上并非如此，上证指数是从 1990 年 12 月 19 日才上市的，也就是说这一年总共也没有多少交易日；而高点 1558.95 点出现在 1993 年 2 月 16 日，也就是在 1993 年刚开始没多久，揭开这些容易使投资者迷惑的假象，我们会发现股市中的规律更加清晰。

我们不妨来分析一下图 3.1.A 中指数的走势，指数经历过 1994 年、1995 年两根阴线之后，同样在 1996 年 1 月出现了低点 512.83；低点之后指数经过 1996 年、1997 年 2 年的上涨，在 1997 年出现高点 1510.18；1998 年指数走出一个阴十字星走势，1999 年到 2000 年又是连续 2 年的上涨，在 2001 年出现高点 2245.44；2001 年、2002 年连续

股市获利阶梯

2年下跌之后,在2003年指数出现低点1307.40,2003年短暂的上涨之后2004年至2005年指数又是连续的下跌,2005年出现低点998.23;2006年至2007年股市走牛,指数出现连续2年的大幅上涨,最终在2007年出现高点6124.04;之后在2010年、2011年又是连续两根阴线,随后在2013年指数出现了著名的"建国底"1949.46点;2014年、2015年牛市启动,同样是两根阳线,指数出现了高点5178.19。

通过走势分析,我们可以发现,低点产生的规律与高点产生的规律正好是相对应的,即指数在连续2年的下跌之后往往也会出现低点。

根据图3.1.A中指数走势反映出的数据,除了高低点产生的规律之外,细心的投资者还能够发现这样一条规律——大盘每隔4年就会出现一个重要的顶部或者底部。如图3.1.B所示:

时间	点位	转折	间隔
1993年	1558	头部	4年
1997年	1510	头部	4年
2001年	2245	头部	4年
2005年	998	底部	4年
2009年	3478	头部	4年
2013年	1849	底部	4年

图3.1.B 大盘重要顶底

如图3.1.B是指数重要顶底统计图,可以看到,每间隔4年,指数的走势就会出现一个重要的顶底,我们把每个重要的顶底在图3.1.A中用黑色的折线标识出来,这样读者可以更加直观地看到这条规律。

这些规律比较直观,可以简单地用肉眼去发现,我们把周期缩小,规律的发现就会变得艰难,但不可否认的是,规律一直都是存在的。我们不妨来看一看把统计学应用到月线上又会发现什么样的规律，如图 3.1.C 所示：

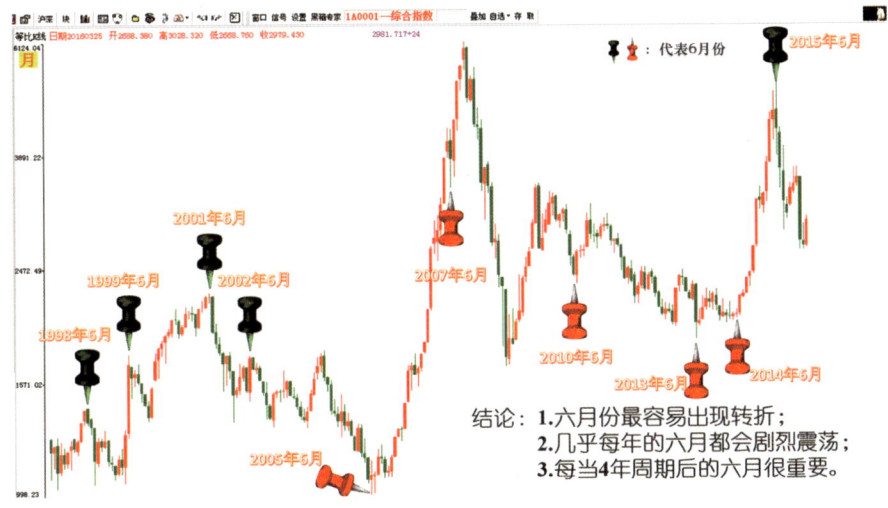

图 3.1.C　月线统计规律

如图 3.1.C 是上证指数从 1997 年 7 月到 2016 年 3 月的月 K 线走势图。同样分析图中的走势来探寻指数在月线上的运行规律。

我们可以看到 1998 年的 6 月，指数产生了高点 1422.98 点；经历过一轮涨跌之后，1999 年 6 月指数再一次出现高点 1756.18 点；下一个高点出现在 2001 年 6 月的 2245.44 点；之后指数开始下跌，2002 年 6 月出现波段高点 1748.89 点；3 年之后指数在 2005 年 6 月出现低点 998.23 点；之后开始了持续将近 2 年的牛市行情，并且在 2007 年 6 月指数宽幅震荡，出现波段低点 3404.15 点；牛市结束之后指数开始下跌，反弹之后开始震荡下跌走势，并于 2010 年 6 月出现波段转折行情，2013 年 6 月出现牛市起涨点 1849.65 点；2014 年 6 月附近出现波段转折点；最终于 2015 年 6 月出现重要高点 5178.19 点。

图 3.1.C 中标出了每年中 6 月份出现转折的情况，可以看到，每年的 6 月份是指数最容易出现转折的月份，大多数的转折都是发生在 6 月份，就连近期的 5178 点都是在 6 月份产生的，如图 3.1.D 所示：

转折	时间	点位
头部	1998年6月 1999年6月 2001年6月 2002年6月 2015年6月	1422.979 1756.183 2245.435 1748.890 5178.190
底部	2005年6月 2007年6月 2013年6月	998.228 3404.146 1849.653

图 3.1.D　1998 年至 2015 年 6 月顶底

图 3.1.D 是 1998 年至 2015 年指数在 6 月产生顶底的数据统计图，可以看出，从 1998 年起，几乎每一次指数的重要转折都是发生在 6 月，并且月线上还可以发现一条规律：几乎每年 6 月份指数都会出现剧烈的震荡。

如果我们把图 3.1.C 和图 3.1.B 结合起来的话就会发现，每隔 4 年大盘都会在 6 月出现重要点位，比如 2001 年 6 月是指数重要顶部；2005 年 6 月"千股下跌"；还有最近的 2013 年 1849 点牛市启动。

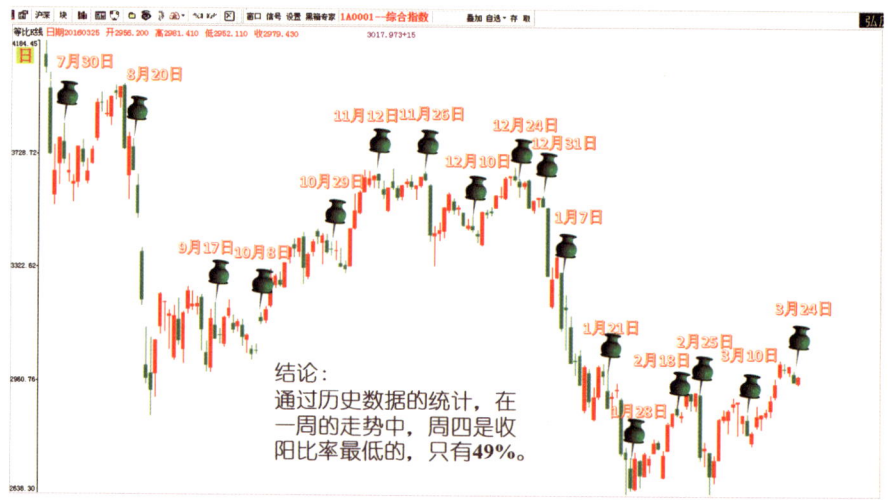

图 3.1.E　日线统计规律

我们把统计学应用于日线，又会有怎样的发现呢？如图 3.1.E 所示：

如图 3.1.E 是上证指数从 2015 年 7 月 24 日到 2016 年 3 月 25 日的日 K 线走势图。在日线上的规律我们就很难通过肉眼去发现了，但是借助数据的统计，仍然可以发现其中隐藏的秘密。

在图 3.1.E 中，笔者标注出了所有在星期四下跌的情况，可以看到的是，指数在星期四下跌的概率是比较高的，具体的统计数据如下图所示：

日期	涨跌情况	日期	涨跌情况	日期	涨跌情况	日期	涨跌情况
2016.3.24	阴线	2016.1.21	阴线	2015.11.19	阳线	2015.9.17	阴线
2016.3.17	阳线	2016.1.14	阳线	2015.11.12	阴线	2015.9.10	阳线
2016.3.10	阴线	2016.1.7	阴线	2015.11.5	阳线	2015.9.3	休市
2016.3.3	阳线	2015.12.31	阴线	2015.10.29	阴线	2015.8.27	阳线
2016.2.25	阴线	2015.12.24	阴线	2015.10.22	阳线	2015.8.20	阴线
2016.2.18	阴线	2015.12.17	阳线	2015.10.15	阳线	2015.8.13	阴线
2016.2.11	休市	2015.12.10	阴线	2015.10.8	阴线	2015.8.6	阴线
2016.2.4	阳线	2015.12.3	阳线	2015.10.1	休市	2015.7.30	阴线
2016.1.28	阴线	2015.11.26	阴线	2015.9.24	阳线		

图 3.1.F 周四涨跌情况

图 3.1.F 是指数从 2015 年 7 月 24 日到 2016 年 3 月 25 日之间所有星期四的涨跌情况统计图。图中共统计了 35 周中星期四的涨跌情况，排除 2016 年 2 月 11 日、2015 年 10 月 1 日、2015 年 9 月 3 日 3 个星期四不开盘之外，一共有 17 根阴线，15 根阳线。也就是说这段时间的统计中星期四下跌的比例是 53.125%。

通过这近 8 个月的走势统计，我们可以发现在一周中星期四指数出现下跌的概率是比较大的，这种"坑四跌"的现象是短期表现还是长期规律呢？

在进行统计时，我们可以通过延长统计时间来排除偶然因素的影响，

笔者统计了上证指数从 1990 年 12 月 19 日到 2016 年 3 月 28 日共 6180 根 K 线，其中星期四下跌的概率在 51% 左右，也就是说指数在星期四下跌的概率偏高这条规律是一直存在的。

通过统计我们可以发现，一周中指数在星期四下跌的概率比较高，那么在其他的日子里涨跌的概率又是如何呢？如图 3.1.G 所示：

星期	收阳比例	比例关系
一	53%	中等比例
二	53%	中等比例
三	54%	中等比例
四	49%	比例最低
五	57%	比例最高

图 3.1.G　指数一周中涨跌情况

图 3.1.G 是上证指数从 1990 年 12 月 19 日到 2016 年 3 月 28 日共 6180 根 K 线中，星期一到星期五的涨跌情况。可以看到，在一周中星期四指数下跌的概率是最高的，而星期五指数上涨的概率是最高的。

通过统计，我们可以发现这条规律，但规律的使用同样是一门学问，就像竹蜻蜓在中国千百年来都是玩具，而到了莱特兄弟手里却成了帮助飞机起飞的关键部件一样。如果投资者知道了这条规律，只是尽量避免在星期四进行买入的话，只能说明你对这条规律的理解还不够透彻。

其实对于短线投资者来说，这条规律的价值是很大的，做短线时完全可以在星期四的尾盘买进而在星期五收盘前卖出，这样的操作从概率上来说是最稳健的。

当然，在规律的使用中也有很多需要注意的地方，有些规律需要特殊的条件才能成立，而有些规律则具有时效性，例如股市中的很多规律是通过历史的走势对未来走势的影响来实现的（比如前期重要的高低点对于股价的支撑和压力作用）。包括笔者在内的许多研究者通过多个系统的测试和验证，发现中国股市的记忆时长是233个交易日，233个交易日之前的股价变动几乎不会对当前的股价走势造成影响。也就是说，参数超过233个交易日的指标或者方法，其准确性是值得质疑的。

第二节　分形精解

前文中笔者讲过分形与台阶模型的关系，提到了分形的起源，还提到了上分形与下分形在股市中的应用，但是笔者并没有深入地讲解分形中的一些概念和术语。在本节中笔者将会深入地讲解分形的知识，帮助各位读者系统地理解分形。

在第二章中讲解上分形和下分形时，笔者选取的案例是5日分形，那么5日分形是如何产生的？

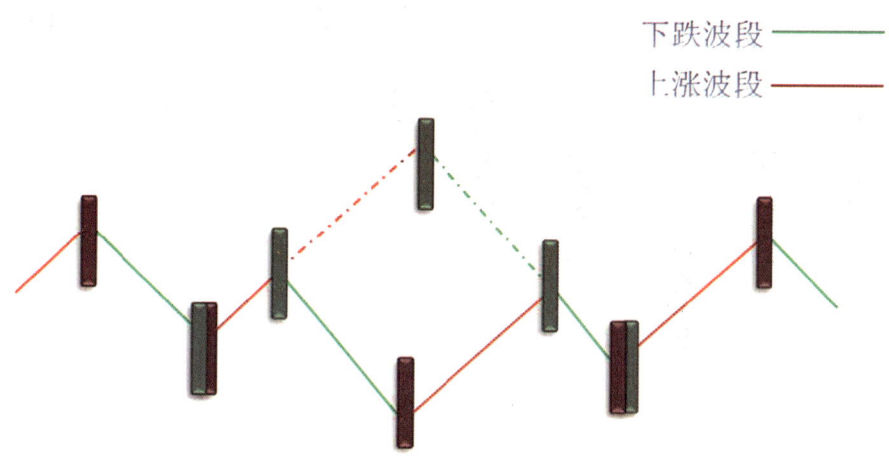

图 3.2.A　5 日分形的产生

如图 3.2.A，图中红色的线段代表股价的上涨波段，绿色线段代表股价的下跌波段，可以看到上图中实线的部分是由一个下跌四段五点模型和一个上涨四段五点模型组成（关于四段五点模型，笔者会在第七章详细讲述，读者可以参照第二章第三节中的图 2.3.G 来理解图 3.2.A）。

我们把图中每一个转折点的 K 线都表示出来，图中所有的绿色 K 线就组成了一个上分形，而所有褐色 K 线就组成了一个下分形，可以看到，上分形的形态就像一只手掌上的 5 根手指一样，中间高两边低，下分形和上分形相反，中间低两边高。也就是说，左右区间上升或下降组成上下分形。

股市中变化多端的走势就是由上分形和下分形演化出来的，我们把下分形和上分形连起来，就得到了股市中的一波上涨走势，如图 3.2.B 所示：

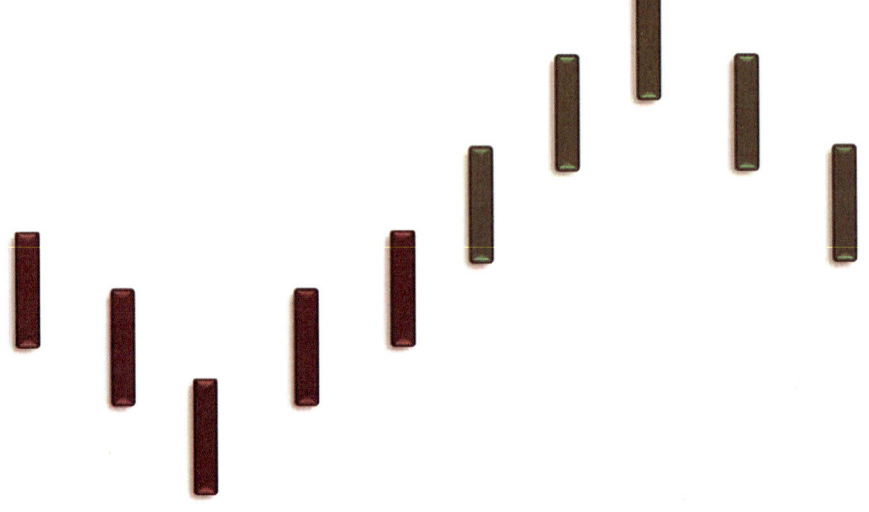

图 3.2.B　股市中的上涨

相应地，把上分形和下分形连起来就得到了一波下跌的走势，如图 3.2.C 所示：

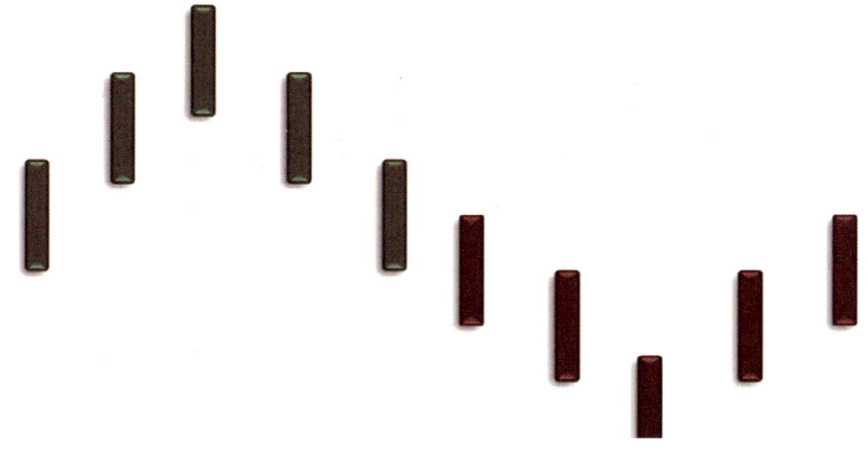

图 3.2.C　股市中的下跌

这里需要强调的一点是，因为笔者一直使用的是 5 日分形作为讲解的案例，可能有些读者会错误地理解为股市中的分形必须由 5 根 K 线组成。实际上并非如此，只要符合分形的条件，分形可以由 3 根、5 根、7 根乃至更多的 K 线组成（只能是大于或等于 3 的奇数），最小的分形是 3 日分形。

一个分形由多少根 K 线组成，我们就说这个分形的分形级别是多少。换句话说，"分形级别"就是用来形容一个分形由多少根 K 线组成的术语，这就涉及笔者下面要写的内容——分形术语。

分形术语

前文中笔者讲到，上分形就像手掌上的五指一样，中间高两边低。也就是说，上分形总有一个最高点，下分形总有一个最低点，在第二章的内容中笔者也强调过上分形最高点和下分形最低点对预测的重要意义。在实际的使用中，确定分形时往往是以最高点或者最低点的 K 线作为分形的中心，所以我们把这根 K 线称为分形的中位线。如图 3.2.D 所示：

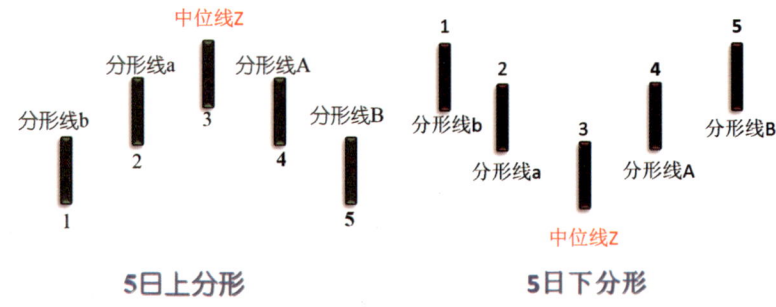

图 3.2.D 分形术语

上图是 5 日上分形和 5 日下分形的示意图,中间红色标识的就是分形的中位线,那么我们可以得到中位线的精确定义:中位线是分形的中间线,是整个分形里的最高点或最低点,简称 Z。

以 5 日分形为例,5 日分形由 5 根 K 线组成,除了中位线,两边各有两根 K 线,在上分形中,这两根 K 线相对于中位线高点和低点依次降低;在下分形中,这两根 K 线相对于中位线高点和低点依次抬高,符合这种条件的 K 线就被称为这个 5 日分形的分形线(如图 3.2.D)。

那么我们可以得到分形线的精确定义:分形线是最高价和最低价相比中位线或中位线方向前一根分形线同时抬高或降低的线。

明确了分形线的定义,我们就可以对前文中笔者提到的分形级别进行精确定义:分形级别是中位线与左右对等的分形线的数量和。比如某一个分形由 3 根 K 线组成,那么就可以称之为 3 日分形,由 5 根 K 线组成,就称之为 5 日分形。

前文中笔者写到分形级别可以是不小于 3 的任意奇数,当分形级别比较大时,为了精确描述分形,就需要引入分形序列的概念。

分形序列是中位线左右两侧的分形线。为了有效区别不同的分形线,分别用字母来表示序列。如图 3.2.D,中位线左侧序列依次是 a、b、c、d、e、f… 中位线右边序列依次是 A、B、C、D、E、F… 比如中位线右侧第 1 根分形线就是分形线 A,左侧第 2 根分形线就是分形线 b。

以上都属于比较基础、易于理解的分形术语，然而在实际使用中，还需要用到一些更加复杂的分形术语来更好地对分形进行描述。

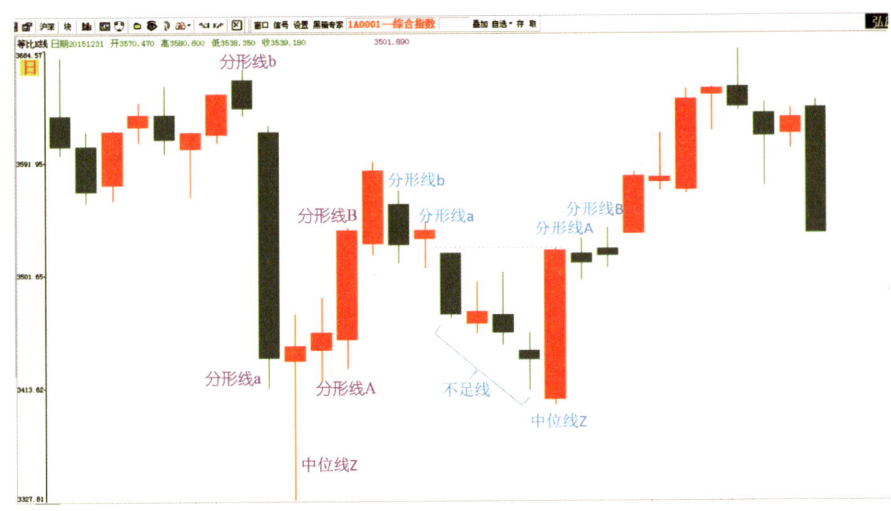

图 3.2.E 上证指数分形示意图

如图 3.2.E 是上证指数从 2015 年 11 月 17 日到 12 月 28 日的日 K 线走势图，我们仍是以 5 日分形为例，不考虑更高级别的分形。图中笔者标注了两个 5 日下分形（左粉右蓝），左侧粉色标识的是一个标准的下分形。可以看到在这个下分形中，中位线是最低点，紧邻着中位线的两根分形线 a 和 A 的高低点都高于中位线，分形线 b 和 B 的高低点分别高于分形线 a 和 A。

右侧蓝色标识的分形中位线是一根大阳线，中位线右侧的分形线 A 和 B 相比于中位线高点和低点依次抬高，属于标准分形结构。但中位线左侧的走势中却出现了 4 根不符合要求的 K 线，它们的最低点高于中位线最低点，但最高点不高于中位线最高点，这种不满足分形线的走势被称为不足线。

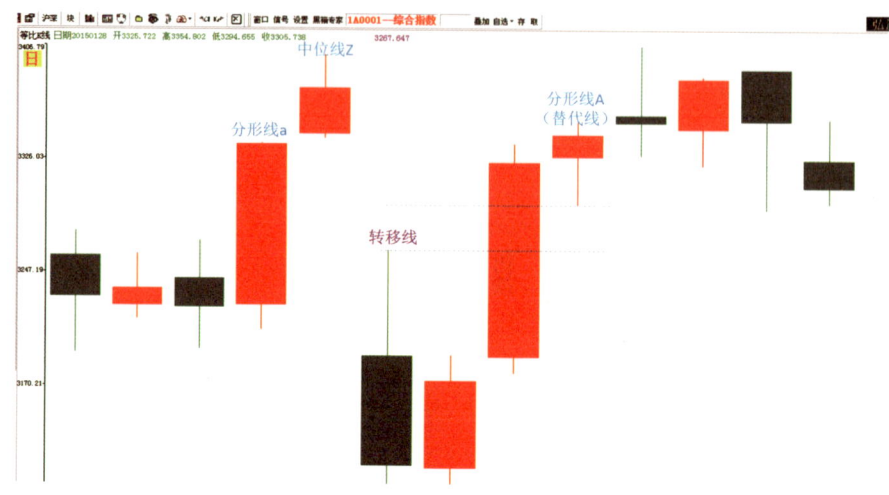

图 3.2.F　上证指数转移线和替代线示意图

　　在确定分形线时还有一种特殊的情况，如图 3.2.F 是上证指数 2015 年 1 月 12 日到 28 日的日 K 线走势图，图中笔者用蓝色标识出一个 3 日上分形，在中位线左侧有一根分形线 a。

　　中位线右侧的走势很特殊，中位线右侧第 1 根阴线符合高点低点分别降低的要求，但是由于情况特殊，所以这根线不标记为分形线 A，而是标记为转移线。当这根阴线出现后，指数开始反转向上运行，3 个交易日之后指数走出一根阳线，这根阳线的最低点高于转移线的最高点，并且这根阳线符合分形线 A 的要求，则这根阳线是真正的分形线 A，同时也是转移线的替代线。

　　结合定义，读者能够更加清晰地理解转移线和替代线。如图 3.2.G 所示：

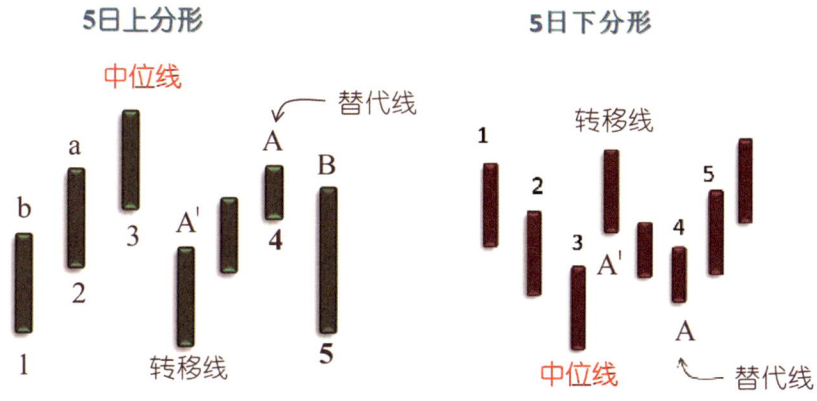

图 3.2.G 转移线和替代线示意图

转移线也叫转移分形线，图中左侧是一个上分形，当标记为 3 的 K 线确立为中位线之后，出现了一根分形线 A'，此后股价开始上涨，即向着相反的方向运行。当上分形中某日最低价高于分形线 A' 的最高价，并且相对于中位线（或者 A' 前一根分形线）高点低点同时降低，如图中分形线 A，此时分形线 A' 就会被替代，不作为计算的分形序列。则 A' 称为转移线，A 称为替代线。

如果是在下分形中，如图中右侧走势，若出现 K 线 A 的最高价低于 A' 的最低价，并且相对于中位线（或 A' 之前一根分形线）高点低点同时抬高，则 K 线 A 即为替代线。

简而言之，**替代线**就是替代转移线的分形线。

前文中的分形术语都是涉及分形的确立，下面笔者要讲到的这个分形术语就和各位读者最关心的问题——获利有关了。

众所周知，趋势的转变需要进行确认，投资者很难把握到最低点或者最高点，这种情况体现在分形上就成了图 3.2.H：

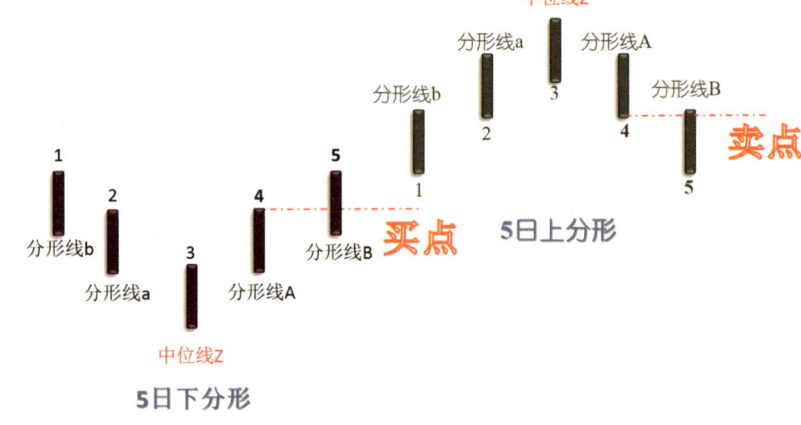

图 3.2.H　分形买卖点示意图

如果股价呈现如图 3.2.H 的走势，投资者能够获利的空间是很小的，然而在股价实际的运行中，上分形和下分形之间经常会出现单边走势，如图 3.2.I 所示：

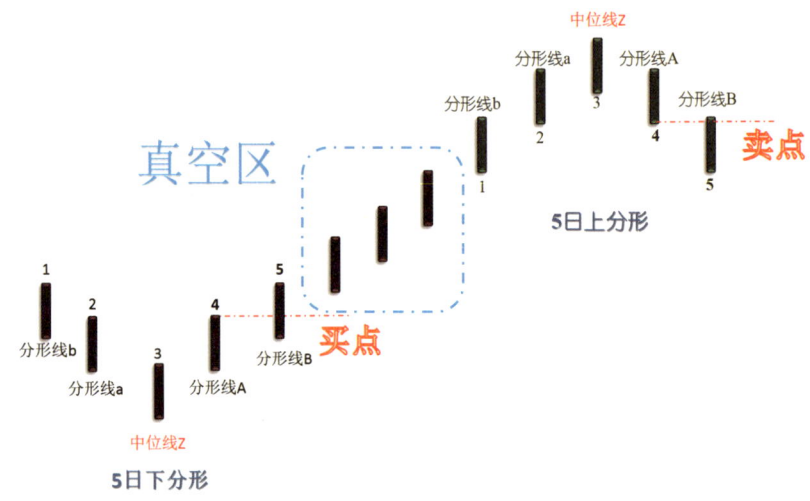

图 3.2.I　真空区示意图

上分形和下分形之间的单边走势被称为真空区，真空区是投资者获利的主要区域。而一只股票真空区的大小往往取决于这只股票的股性和当时的时机，在牛市中上涨的真空区自然就大，牛皮市的时候真空区自然就小。

股市中分形的对称性

在第二章笔者写到分形与台阶预测时提到，股价的走势也是一种分形结构，同时具有对称性。

分形在股市中的对称性又是如何体现的呢？如图 3.2.J：

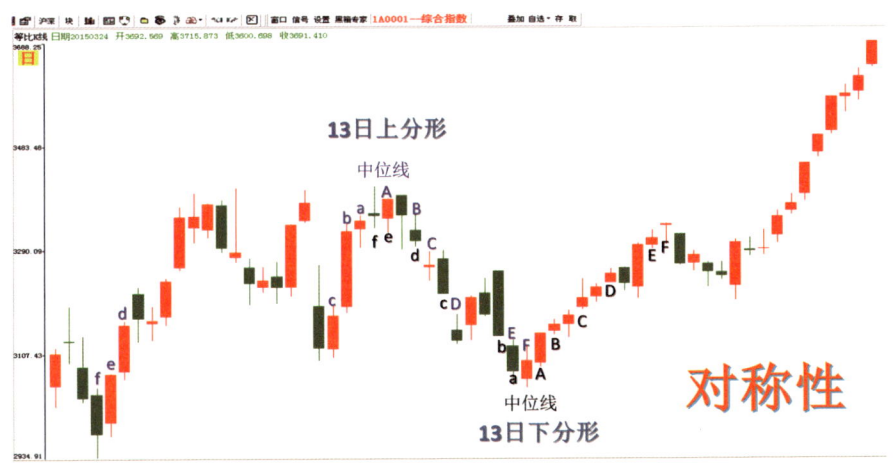

图 3.2.J　分形在股市中的对称性

图 3.2.J 是上证指数从 2014 年 12 月 19 日到 2015 年 3 月 23 日的日 K 线走势图。图中笔者共标注出两个分形，分别是左侧的 13 日上分形（蓝色标识）和右侧的 13 日下分形（黑色标识）。分形序列中左侧的分形线用小写的字母 a、b、c、d、e、f 标识，右侧的分形线用大写字母 A、B、C、D、E、F 标识。

首先看蓝色标识的 13 日上分形，中位线是波段的最高点，这个分

形的中位线右侧第一根 K 线是一根阳线,符合分形线条件,标记为分形线 A。分形线 A 右侧第一根 K 线穿头破脚,形成了外包日,是一根不足线。这根不足线右侧连续两根 K 线高点低点依次降低,符合分形线要求,标记为分形线 B 和 C。分形线 C 右侧出现一根不足线之后,又出现符合要求的走势,标记为分形线 D。之后指数经历一波微幅反弹,但反弹的三根线最低点都低于分形线 D 的最高点,不产生转移线和替代线。之后连续两根 K 线相比于分形线 D 高点和低点依次降低,符合分形线要求,分别标记为 E 和 F。分形线 F 为波段低点,可以看到,图中再无符合分形线要求的 K 线。

同时我们也可以看到,分形中位线左侧的三根分形线十分的标准,紧邻的三根 K 线,高点低点依次降低,构成了分形线 a、b、c。分形线 c 左侧的指数开始上升,对分形知识掌握不熟练的读者很难找出剩下的分形线。

仔细观察,可以发现分形线 c 左侧的走势虽然波动剧烈,但并没有突破中位线的高点,分形线之间是允许存在间隔的。在上分形中,只要指数没有突破中位线的最高点,就可以继续数下去。分形线 c 左侧连续 14 根 K 线中没有出现符合分形线或者替代线的情况,直到第 15 根 K 线才出现相比于分形线 c 高点低点依次降低的 K 线,标记为分形线 d。分形线 d 左侧连续两根 K 线相比于分形线 d 高点和低点依次降低,分别标记为分形线 e 和 f。分形线 f 左侧再无符合分形线要求的 K 线,同样这个分形也是左右对称的。

通过上面的案例,我们可以看到,左侧蓝色标识的 13 日分形中位线左侧出现了六根符合条件的分形线 a、b、c、d、e、f,右侧同样出现了六根符合条件的分形线 A、B、C、D、E、F。也就是说,这个分形具有对称性,那么这种情况是偶然的巧合,还是规律的体现呢?

图 3.2.J 中右侧的 13 日下分形笔者用黑色标记,中位线是波段的低点,即左侧 13 日分形的分形线 F。中位线右侧连续两根阳线高点低点

相对于中位线依次抬高，标记为分形线 A 和分形线 B。中位线右侧第三根 K 线最低点低于分形线 B 的最低点，不符合要求，跳过。

分形线 B 右侧第二根 K 线符合分形线条件，标记为分形线 C。分形线 C 右侧第一根 K 线也是一根小阳线，最低点高于分形线 C 的最低点，但最高点低于分形线 C 的最高点，形成外包日的走势，是一根不足线。这根不足线右侧第一根 K 线相对于分形线 C 高低点依次抬高，符合分形线要求，标记为分形线 D。分形线 D 右侧连续出现了两根相比于分形线 D 高点抬高但低点降低的不足线之后，又出现符合要求的走势，标记为分形线 E 和分形线 F，分形线 F 为波段高点。

中位线左侧连续出现两根符合分形线要求的 K 线，标记为分形线 a 和分形线 b。分形线 b 左侧连续三根不足线之后出现符合要求的分形线 c，分形线 c 左侧是一根阳十字星 K 线，最低点高于分形线 c 的最低点，但最高点略低于分形线 c 的最高点，是一根不足线。这根不足线左侧第一根 K 线最高点和最低点高于分形线 c 的最高点和最低点，符合分形线条件，标记为分形线 d。分形线 d 左侧出现一根不足线之后，连续出现两根符合条件的分形线 e 和 f，分形线 f 为波段高点。

简而言之，分形都是对称的，中位线两边的分形线数量是一样的，如果我们掌握了一个分形的一半，就能掌握它的另一半，这就是分形的对称性。

分形中位线左右的分形线数量趋向于对称，一旦超出对称，就是进入真空区，下跌时出现超出左侧数量的分形线立即止损，上涨时出现超出右侧分形线数量则是买入时机。

分形级别的划分

要熟练运用分形的对称性来把握股市，最大的难点就是如何确定分形的级别。因为分形线之间是允许有间隔的，难道间隔几周、几个月甚

至几年之后的走势中出现了符合分形线条件的 K 线，也算是这个分形的一部分？

当然不是，这就涉及一个问题：分形级别的划分。通俗来讲，就是如何判断一个分形的结束。

一般来说，判断分形级别的依据有两点：第一点是 分形两侧结束的部分必须是级别相同的转折，第二点是以分形线左侧重要的高低点为分形的起点。

第三节　大盘密码的由来

大盘密码——台阶模数

通过第一章中的例子，大家不难发现想要应用台阶模型，最关键的一点就是台阶之间的密码。

台阶密码由两部分组成，还是用第一章中的案例来说明，案例中提到大盘的密码是 1.0804。但是在计算过程中，一阶运算使用的是 1.0804，二阶计算使用的却是 1.1608。这两个数字之间又有什么样的关系，为什么二级台阶要用 1.1608，而不是 1.0804 的 2 倍 2.1608 呢？

想解决上面的问题，就需要用到台阶模数的概念。在大盘密码 1.0804 中，1 代表股价，而 1 后面的 0.0804 就是股价变动的比率，我将它称为台阶的"模数"。

引入台阶模数的概念后，各位读者就可以更加容易地理解台阶模型的公式。

前文中提到，单台阶上涨计算公式是：

$$高点\ H = 低点\ L \times (1 + 模数)$$

单台阶下跌公式是：

$$低点\ L = 高点\ H \div (1 + 模数)$$

相应地，二台阶上涨和下跌公式就是：

高点 H ＝低点 L×（1＋2×模数）

低点 L ＝高点 H÷（1＋2×模数）

这里需要注意的是，0.0804是大盘的台阶模数，只适用于大盘，不适用于个股。

台阶模数的意义就是针对每一只股票，都有专属于它的模数。

> 嘿，看这里！
>
> 每只股票都有其独特的台阶模数，有些股票的台阶模数还会随着时间的流逝而进行调整（当然，这种调整往往是一个以年为单位的渐变过程，所以不用担心某只股票的台阶模数频繁发生变化）。

也就是说，在台阶模型中，虽然各级台阶的公式相同，但是每一只股票公式中代入的参数都不同，从而大大增加了预测的准确性。这就像穿鞋一样，均码的虽然也能穿，但总不如量身定做的合适。

每一只个股都有属于自己的台阶密码。为每一只个股设定专属的参数，这是台阶模型能够精确预测的原因，但同时也成为台阶模型中最复杂的部分。

前文中，我已经给出了大盘的台阶密码——1.0804，同时这也是大盘的台阶模数。这个数值是通过统计上证指数历史走势上的高低点得出的，但是具体的计算方式我却没有在前文中予以说明。

相信很多读者对台阶模数的计算方法很感兴趣，因为只要掌握了台阶模数的计算方法，就可以在自己所关注的个股上使用台阶模型，来预测股价的走势。

台阶模数的计算也离不开分形，台阶模型是由历史上的高低点统计得出的，但是什么样的高点和低点是值得我们统计的？我们可以用5日分形来衡量需要统计的点位，这里需要引入一个概念——空间率均值。

空间率均值，即同一分形级别下的上分形高点与下分形低点之间的比值。

简而言之，只要统计足够长的走势中的 5 日分形的空间率均值，就能知道指数平均每次上涨和下跌的幅度，大盘模数也由此计算得出。

下面是我统计出从 1996 年股票市场开始稳定以后的数据，之所以选择 1996 年为起点，是因为中国股市从这一年才开始逐渐成熟。

大盘 5 日分形数据统计					
起始日期	分形级别	分形数量	K线数量	周期均值	空间率均值
1996.01.01	5	666	4697	7	1.08
1997.01.01	5	631	4450	7	1.08
1998.01.01	5	598	4207	7	1.08
1999.01.01	5	562	3961	7	1.08
2000.01.01	5	534	3722	6	1.08
2001.01.01	5	498	3483	6	1.08
2002.01.01	5	467	3243	6	1.08
2003.01.01	5	435	3006	6	1.08
2004.01.01	5	394	2765	6	1.08
2005.01.01	5	361	2522	6	1.08

图 3.3.A　大盘 5 日分形数据（一）

大盘 5 日分形数据统计					
起始日期	分形级别	分形数量	K线数量	周期均值	空间率均值
2006.01.01	5	324	2280	7	1.09
2007.01.01	5	283	2039	7	1.09
2008.01.01	5	250	1797	7	1.08
2009.01.01	5	214	1551	7	1.07
2010.01.01	5	185	1307	7	1.07
2011.01.01	5	152	1065	6	1.06
2012.01.01	5	113	821	7	1.06
2013.01.01	5	79	578	7	1.07
2014.01.01	5	49	340	7	1.07

图 3.3.B　大盘 5 日分形数据（二）

图 3.3.A、图 3.3.B 中的数据是以 2015 年 5 月 26 日为统计的基准点，即图中的数据是指数从起始日期到 2015 年 5 月 26 日之间统计的结果。

当然基准点具体日期并不重要，重要的是年份，因为这种统计是以年为单位的，具体是几月几日对空间率均值的统计结果影响并不大。

图中重要的数据有两个，一个是周期均值，另一个是空间率均值。图中的周期均值指的是分形高低点之间的平均距离。

周期均值的预测和分析意义：一旦确认某个 5 日分形的中位线之后，我们就可以知道，指数运行到下一个 5 日分形的中位线平均需要七个交易日，也就是七根 K 线。因为中位线一般是指数在某段走势之间的高点或低点，所以通过周期均值，我们可以更好地把握指数走势的变化。

而空间率均值则是当年的大盘模数，可以看到，在 2005 年之前，指数的空间率均值都是 1.08，没有改变。从 2005 年之后这个数值一直在缓慢变化，比如在图 3.3.B 中 2006 年和 2007 年这两年就变为 1.09，实际上那两年大盘的模数是 1.0946。

因为这两年的指数走势出现了暴涨暴跌，连续的或者大幅度的暴涨暴跌最容易造成模数改变的走势，所以大盘或者你所关注的股票发生这种走势之后，最好重新计算一下模数。

而各位读者最关心的当下的大盘模数则是统计指数从 1996 年 1 月 1 日到当下最近一个交易日的空间率均值，即上图 3.3.A 中第一行数据。

因为电脑统计的结果无法显示为小数点后四位，所以图中的数据是 1.08，如果具体到小数点后四位就是 1.0804——这也是大盘模数的由来。

小 结

　　分形是台阶模型的基础，熟练掌握分形将使你更加容易学会台阶模型，同时分形本身也是技术分析中的重要概念，基于分形衍生出的各种规律和方法不胜枚举。

　　在后面几本书的学习中，也会不停地用到分形中的知识，所以这一章的内容十分重要。学习它，记住它，掌握它，它将会成为你打开获利之门的钥匙。

第四章　六级台阶算法

　　股市是以趋势的形式运行的，趋势是以台阶的模型推进的，在进行分析时，我们可以把每一个分形都看作一个台阶，未来的走势就是台阶的不断拓扑。在本章中会用最简单的方法来推算趋势的区间规律。

第一节 神奇的台阶

徐特立先生说过这样一句话:"台阶是一层一层筑起的,目前的现实是未来理想的基础。"诚然,台阶是一层一层筑起的,股价的高点也是一天天的上涨积累起来的,前文中提到,台阶模型的本质实际上是股价运行过程中峰谷累值现象的一种体现。

生活中从低处到高处或从高处到低处,往往是很艰难的,但是只要有台阶,我们就能够轻易地实现高低转换。股市中也是如此,股价从低点到高点,或从高点到低点的运行也有台阶,只要找到了台阶就能把握股价的顶底。

看到"台阶",各位读者一定不会陌生,在第一章的内容中我们曾初窥了台阶的神奇,在第二章中也给各位读者介绍了台阶模型的理念,经过足够的理念沉淀,现在终于可以揭开台阶预测的神秘面纱。

"台阶"的概念,最早是在 2010 年 7 月份笔者在全国范围内讲课时提到的,读过上一版本《模型理论》的读者,相信对"台阶"会有一定的了解。

但是了解不等于会用,会用不一定用得好。尤其是随着行情的发展,股市的变化越来越复杂,暴涨暴跌的情况也时有出现,二阶台阶模型逐渐难以适用于所有的情况。

所以笔者把台阶模型的公式进行了调整,由最多两阶梯提升到六阶梯,并且对大盘的台阶模数进行了精算,使之能够适应市场中的各种情况,极大地方便了投资者进行市场预测。

不管各位读者以前是否对台阶模型有所了解,相信您见过第一章例子中台阶模型的神奇作用之后,一定会迫不及待想要深入学习和了解神奇的"台阶"。

第二节 上涨六阶运算公式

前文中提到台阶模型的二阶稳定性——两个台阶是最稳定的，应用起来也是最简单的——属于台阶模型的初级应用，适合对台阶模型掌握还不熟练，在股市中经验不是很丰富的读者。但是，市场变化云诡波谲，跌宕起伏，股价单边连续上涨或者单边连续下跌的极端状况也时有发生，在面对这种极端情况时我们又该如何应对？

这时就需要用到二级以上的台阶公式，来提升模型理论在实战中应对极端情况的能力。目前来看，应对极端走势最多用到六级台阶的公式即可，更高级的台阶模型实战应用意义不大。下面笔者将为大家详细介绍高级台阶模型的用法。

首先是三阶台阶公式，如图 4.2.A 所示：

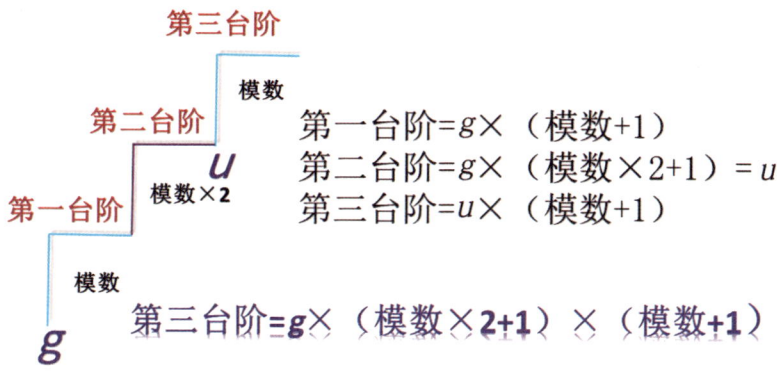

图 4.2.A　上涨三级台阶公式图解

图 4.2.A 是上涨三级台阶公式的推导过程图，因为二阶稳定性的原因，当指数突破二级台阶位置时，我们不能简单地用低点乘以 1.2412（即 1 + 0.0804×3）来计算指数的下一目标位。因为超过二阶之后，

整个模型的稳定性就会受到影响。

那么如何计算上涨三级台阶呢？既然三阶不稳定，我们把公式转化为二阶公式就可以了，转换的方法也很简单——把低点抬高。即先用真正的低点 g 计算出二阶台阶的目标位 u，之后把 u 视为低点代入一级台阶公式就可以得到三级台阶的计算公式：

$$第三台阶 = u \times (模数 + 1)$$

又因为 $u = g \times (模数 \times 2 + 1)$，代入上述公式可得：

$$第三台阶 = g \times (模数 \times 2 + 1) \times (模数 + 1)$$

有了三级台阶的公式，再来看第一章图 1.3.A 的案例中笔者用"建国底"预测指数高点 2444.87 时的方法，就不难理解了。

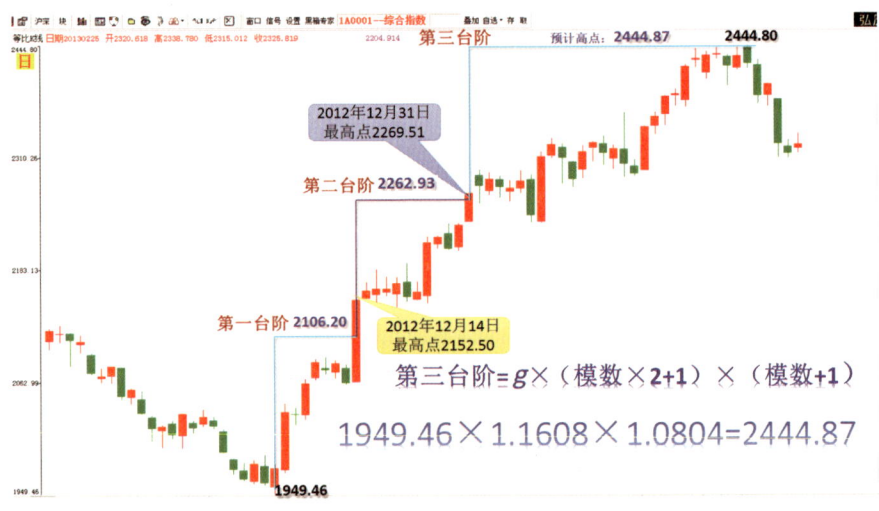

图 4.2.B 大盘上涨三级台阶案例

如图 4.2.B 是上证指数从 2012 年 11 月 2 日到 2013 年 2 月 25 日的日 K 线走势图。可以看到，图中波段的低点出现在 1949.46 点，而我们经过计算得出的近年来大盘的台阶模数是 0.0804。

在实际走势中，投资者很难确定指数会涨到第几台阶，所以我们就需要根据台阶公式逐级进行台阶的追踪确认，具体步骤为：

当指数从 1949 点启涨，我们可以根据台阶模型的公式逐级计算目标位，首先根据上涨一级台阶公式：

$$第一台阶 = g \times (模数 + 1)$$

代入低点 $g = 1949.46$ 和大盘模数 0.0804 可以得到第一台阶的上涨目标位为 2106.20。

指数在 2012 年 12 月 24 日以一根大阳线突破目标位，当日指数的最高点为 2152.50 点，属于有效突破。进而计算第二级台阶目标位。根据上涨二级台阶公式：

$$第二台阶 = g \times (模数 \times 2 + 1)$$

代入数据可得第二台阶上涨的目标位为 2262.93。

在 2012 年 12 月 31 日，指数同样以长阳线达到目标位。当日 K 线的最高点位是 2269.51，超出目标位 7 个点，然而此处走势并未出现顶部。指数经过一段时间的震荡走势之后开始继续上涨，那么需要计算第三级台阶目标位。根据上涨三级台阶公式：

$$第三台阶 = g \times (模数 \times 2 + 1) \times (模数 + 1)$$

代入数据，就得到了笔者在第一章中计算 2444.80 点时列出的公式：

$$1949.46 \times 1.1608 \times 1.0804 = 2444.87$$

则第三台阶上涨的目标位为 2444.87。在实际的走势中，指数达到 2444.80 之后即见顶开始下跌，最高点与目标位相差 0.07 个点。投资者可据此及时规避风险。

第四级台阶公式的推导过程可以延续三级台阶的推导思路，通过低点抬高的方法把公式转化为二级台阶公式。先用真正的低点 g 计算出第二台阶的目标位 u，即：

$$u = g \times (模数 \times 2 + 1)$$

再把 u 视为低点代入二级台阶公式，得出四阶台阶的计算公式，即：$u \times (模数 \times 2 + 1)$。

这里需要注意的是，台阶计算公式自第二阶开始，无法完全从数学角度得出。模型理论强调的是数形结合，并非单纯的数或者单纯的形，也就是说，我们不能完全以数学运算法则来直接计算股市台阶。

如图 4.2.C 所示：

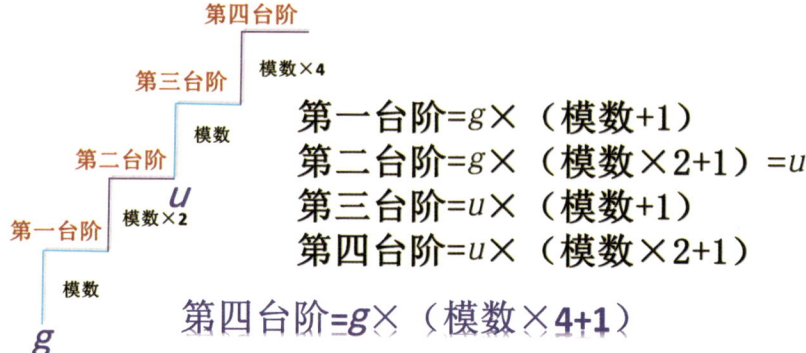

图 4.2.C　上涨四级台阶公式图解

在将 $u = g \times$（模数 $\times 2 + 1$）代入二级台阶公式时不能直接以数学运算法则来进行计算，因为括号中模数加的"1"代表的是股价本身，并非数学意义上的"1"。所以公式中的"+1"部分不参与计算，因此将 u 的值代入二级台阶公式之后的结果是：$u \times$（模数 $\times 2 + 1$）$= g \times$ [（模数 $\times 2$）$\times 2 + 1$]，即四级台阶计算公式是：

第四台阶 $= g \times$（模数 $\times 4 + 1$）

在推导高级台阶公式时，每当台阶的级数是 4 的倍数时，都可以延续这个思路。在下一章的内容中，会就台阶模型中的一些典型问题做详细的解答。

得出上涨四级台阶公式后，就可以开展四级台阶预测了，案例如下：

如图 4.2.D 是上证指数从 2008 年 12 月 19 日到 2009 年 3 月 3 日的日 K 线走势图。当指数从波段低点 1814.75 启涨，投资者就可以根据台阶公式开始逐级台阶追踪确认。

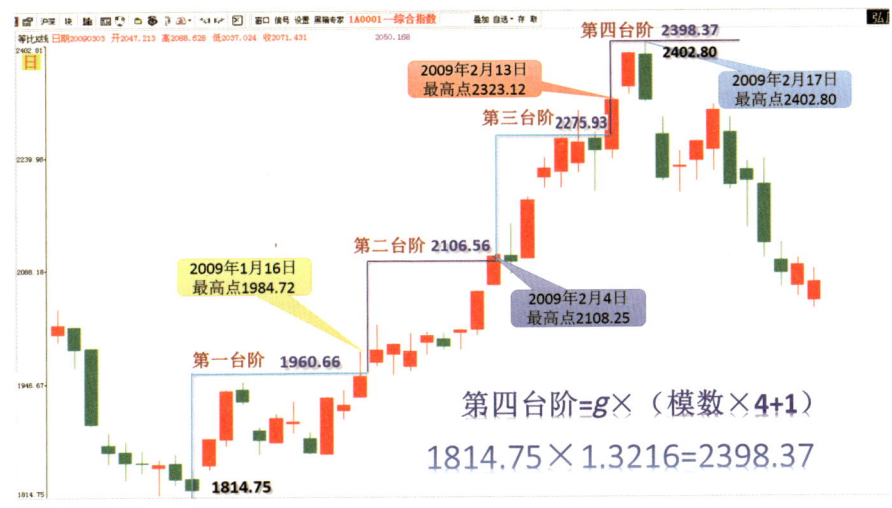

图 4.2.D　大盘上涨四级台阶案例

将低点 $g=1814.75$ 和大盘模数 0.0804 代入上涨一级台阶公式：$g×$（模数＋1）可求得指数上涨的第一个目标位为：

$$1814.75 × 1.0804 = 1960.66$$

图 4.2.D 中可以看到，指数在低点之后出现连续三个交易日的上涨，于 2009 年 1 月 7 日接近第一台阶时受压下跌，四个交易日后再次启涨，并于 2009 年 1 月 16 日以一根阳线突破目标位，当日最高点在 1984.72 点，最终收盘于第一台阶的压力目标位以下。次日指数继续拉升，突破第一台阶。

进而计算第二级台阶目标位，将上涨二级台阶公式 $g×$（模数 ×2＋1）代入数据，可得第二台阶上涨的目标位为：

$$1814.75 × 1.1608 = 2106.56$$

2009 年 2 月 4 日指数同样以长阳线达到目标位，当日最高点位是 2108.25，超出目标位将近 2 个点。然而此处走势并未出现顶部，指数在目标位附近经过一个交易日的调整之后，以长阳线突破第二台阶，继续上涨。

接下来计算第三级台阶目标位。根据上涨三级台阶公式：$g×$（模数 ×2＋1）×（模数＋1），可求得：

$$1814.75 \times 1.1608 \times 1.0804 = 2275.93$$

则第三台阶上涨的目标位为2275.93。图4.2.D中可以看到在实际的走势中，指数在第三级台阶附近受压震荡了三个交易日，于2009年2月13日以长阳线突破第三台阶，当日最高点为2323.12点，属于有效突破。

因此接下来可以计算第四级台阶的目标位。根据前文中求得的公式：

第四台阶＝$g×$（模数$×4+1$）

代入数据，可求得第四级台阶的上涨目标位为：$1814.75 \times 1.3216 = 2398.37$。从图中可以看出，指数在突破第三级台阶之后继续上攻，在两个交易日后，K线的上影线（2009年2月17日）达到第四级台阶的位置，之后指数的走势发生转折，开始大幅下跌。

在实战使用中，像本案例中这种以长上影线达到目标位后指数受压下跌的情况，需要投资者特别留意风险的存在。

在本例中指数没有突破第四级台阶，如果指数继续突破第四级台阶，就需要用到第五级台阶的公式。五级台阶的推导过程和三级台阶类似，如图4.2.E：

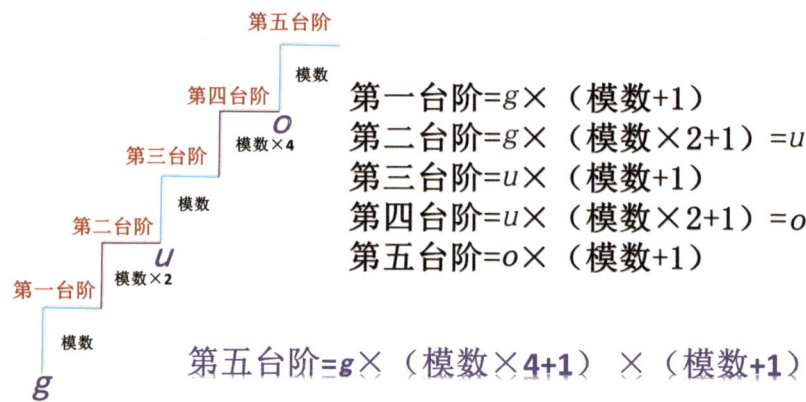

图4.2.E　上涨五级台阶公式图解

当指数突破第四级台阶时，受限于台阶模型的二阶稳定性，再以 u 点作为低点进行计算就不合适了。

图 4.2.E 是上涨五级台阶公式的推导过程图，五级台阶模型的推导与一阶运算非常类似，根据前文中推导三级台阶公式的思路，我们可以把低点再次抬高。首先由真正的低点 g 求出第二级台阶的目标位，设为低点 u，即 $u=g\times$（模数 $\times 2+1$）；再将低点 u 代入二级台阶公式，求得第四级台阶的目标位，设为低点 o，即 $o=u\times$（模数 $\times 2+1$）$=g\times$（模数 $\times 4+1$）。

第五级台阶就是在第四级台阶的基础上再抬升一个台阶，将 $o=g\times$（模数 $\times 4+1$）代入一级台阶公式，即可求得第五级台阶的计算公式：

$$\text{第五台阶}=g\times（\text{模数}\times 4+1）\times（\text{模数}+1）$$

上涨五级台阶预测实战案例如下：

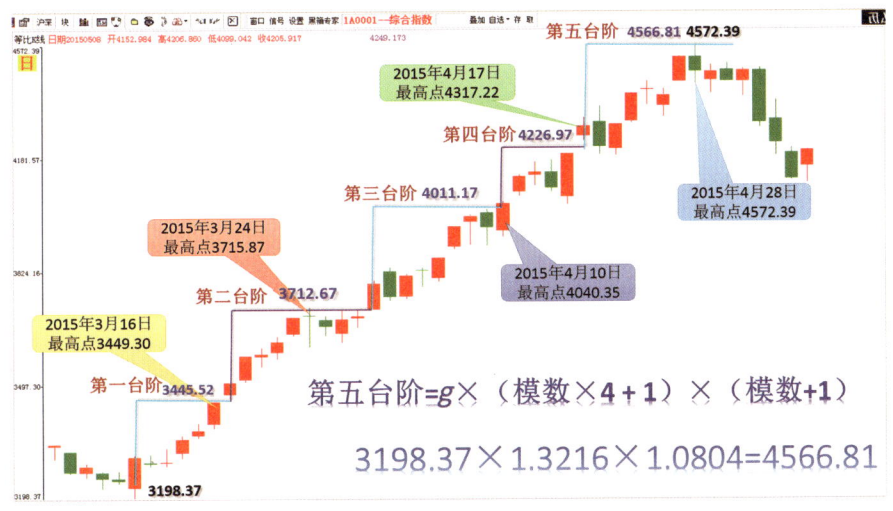

图 4.2.F　大盘上涨五级台阶案例

图 4.2.F 是上证指数从 2015 年 3 月 2 日到 2015 年 5 月 8 日的日 K 线走势图。指数运行的波段低点是 3198.37 点（2015 年 3 月 9 日），当确定指数从波段低点启涨后，就可以根据台阶公式对指数进行逐级台阶

股市获利阶梯

的追踪确认。

根据上涨一级台阶公式：

$$第一台阶 = g \times (模数 + 1)$$

可以预测出一级台阶的上涨目标位为：$3198.37 \times 1.0804 = 3445.52$。指数从波段低点启涨之后，于2015年3月16日突破第一台阶的目标位，突破当日最高点为3449.30，高出目标位4个点。次日指数跳空高开，以中阳线继续上涨，确认有效突破。

此时就需要用到第二级台阶公式：

$$第二台阶 = g \times (模数 \times 2 + 1)$$

代入数据可得第二台阶上涨的目标位：$3198.37 \times 1.1608 = 3712.67$。指数突破第一级台阶之后连续上涨，于2015年3月24日达到第二台阶目标位，当日最高点为3715.87点，最高点出现之后指数开始受压下跌，当日收出一根阴十字星。

在随后的三个交易日中指数一直在目标位附近震荡，直到2015年3月30日以长阳线突破第二台阶目标位，结束震荡走势，开始继续上涨。进而需要计算第三级台阶目标位。根据上涨三级台阶公式：

$$第三台阶 = g \times (模数 \times 2 + 1) \times (模数 + 1)$$

代入数据可得：$3198.37 \times 1.1608 \times 1.0804 = 4011.17$。图4.2.F中可以看到，在实际的走势中，指数突破第二级台阶之后一路上涨，在2015年4月8日以一根长下影线的小阳线接近第三台阶。8号、9号连续两个交易日受压收出长下影线，之后于2015年4月10日以一根长阳线突破第三级台阶，当天最高点位4040.35，高出目标位30个点。

此时投资风格较为保守的投资者可以减仓观望。次日指数再次高开，确认有效突破，此时可以计算第四级台阶的目标位。将低点g代入上涨四级台阶公式：

$$第四台阶 = g \times (模数 \times 4 + 1)$$

可求得第四级台阶的上涨目标位为$3198.37 \times 1.3216 = 4226.97$。图

中可以看到，指数在第三、第四级台阶之间走出了一个N字形走势，于2015年4月17日跳空高开突破第四级台阶目标位，进而进入第五级台阶的目标位计算。

根据前文中推导出的公式：

第五台阶＝$g \times$（模数$\times 4 + 1$）$\times$（模数$+ 1$）

代入数据可得：$3198.37 \times 1.3216 \times 1.0804 = 4566.81$。如图4.2.F所示，指数突破第四级台阶之后出现短期调整，连续两个交易日的下影线均跌破第四级台阶。但由于第四级台阶的支撑作用，指数在2015年4月21日时开始上涨，5个交易日走出了连续5根阳线。

和上一个案例（图4.2.D）相同的是，见顶的K线同样是一根长上影线的阴线。当日最高点为4572.39点，超出第五台阶目标位6个点之后受压开始下跌，随后指数开始了深幅调整。在上一个案例中曾经提到，这种阴线带有长上影线达到目标位后受压下跌的情况需要投资者留意风险。

有了第五级台阶的推导过程，第六级台阶的推导过程也就不难得出了。如图4.2.G所示：

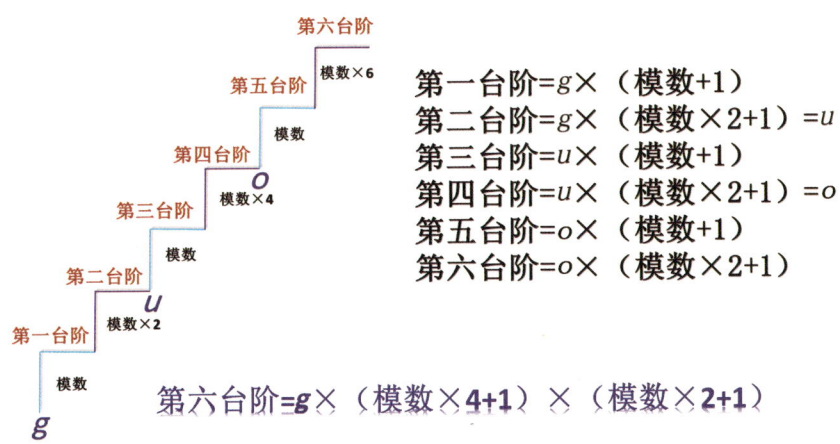

图4.2.G　上涨六级台阶公式图解

图 4.2.G 是上涨六级台阶公式的推导过程图，沿袭上涨五级台阶的公式推导过程，通过低点抬高的方法把公式转化为二阶公式。首先求出四级台阶的目标位，设为低点 o，即：

$$o = u \times （模数 \times 2 + 1）= g \times （模数 \times 4 + 1）$$

第六级台阶是在第四级台阶的基础上再抬升两个台阶，那么将 $o = g \times （模数 \times 4 + 1）$ 代入二级台阶公式：

$$第六台阶 = o \times （模数 \times 2 + 1）$$

即可求得六阶台阶的计算公式：

$$第六台阶 = g \times （模数 \times 4 + 1）\times （模数 \times 2 + 1）$$

相信通过前文的讲述，各位读者也一定掌握了低点抬高推导台阶公式的技巧，有兴趣的读者可以将更高台阶的公式推导出来。

在实际的走势中，超过六级台阶的走势不多，所以六级台阶足以应对大多数情况。对于高级台阶，很多时候可以用来判断股价整体走势上涨时回调的时机，或者整体走势下跌时反弹的时机。

实战案例如下：

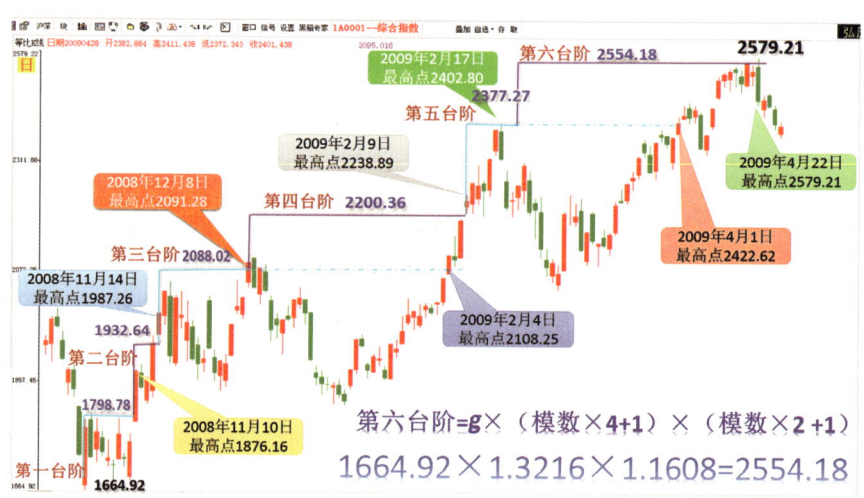

图 4.2.H 大盘上涨六级台阶案例

图 4.2.H 是上证指数从 2008 年 10 月 17 日到 2009 年 4 月 28 日的日 K 线走势图，图中左侧指数的波段低点出现在 1664.92 点，当确定指数启涨后就可以根据台阶公式开始逐级台阶的追踪确认。

首先将低点 $g = 1664.92$ 代入上涨一级台阶公式：

$$第一台阶 = g \times (模数 + 1)$$

可以得到第一台阶的上涨目标位：$1664.92 \times 1.0804 = 1798.78$。指数波段低点这根大阳线涨幅很大，最高点几乎达到了第一级台阶目标位。次日指数高开低走，最高点达到 1795.08，接近第一级台阶的目标位。自此指数受压开始下跌，此后 7 个交易日，指数在波段低点与第一级台阶之间震荡，直到 2008 年 11 月 10 日指数跳空高开，以大阳线突破第一级台阶，当日最高点为 1876.16，确认有效突破。

此时需要计算第二级台阶目标位，根据上涨二级台阶公式：

$$第二台阶 = g \times (模数 \times 2 + 1)$$

代入数据可得第二台阶上涨的目标位：$1664.92 \times 1.1608 = 1932.64$。指数以长阳线突破第一级台阶后经过两个交易日的短暂调整，在 2008 年 11 月 13 日再次以长阳线上涨，最高点接近第二级台阶，收盘于 1927.61 点。次日高开高走，以中阳线轻松突破第二级台阶目标位，最高点达到 1987.26，属于有效突破。

由此可以展开第三级台阶目标位的计算，根据上涨三级台阶公式：

$$第三台阶 = g \times (模数 \times 2 + 1) \times (模数 + 1)$$

代入数据可得：$1664.92 \times 1.1608 \times 1.0804 = 2088.02$。在图 4.2.H 中可以看出，指数在突破第二台阶两个交易日后，开始深幅下跌，甚至跌破第二级台阶的目标位，于 2008 年 12 月 1 日见底启涨，以连续六根阳线突破第三级台阶目标位，突破目标位当天 K 线的最高点是 2091.28 点，高出预测点位 3 个点。此时风格保守的投资者可以适当减仓，以回避风险。次日指数受压开始下跌，此后指数开始了比上一波调整幅度更大、持续时间也更长的调整走势。若投资者善用台阶公式，则可以回避

这一波调整带来的风险，这就是为什么我会在前文中提到，可以用高级阶梯判断股价整体走势上涨时回调的时机。

指数深幅调整完毕开始上涨，于2009年2月4日以中阳线突破第三级台阶，当日最高点2108.25。此时就需要计算第四级台阶的目标位。根据上涨四级台阶公式：

$$第四台阶 = g \times (模数 \times 4 + 1)$$

代入数据可得：$1664.92 \times 1.3216 = 2200.36$，即第四级台阶的上涨目标位是2200.36点。从图中可以看出，指数在第三、第四级台阶之间的涨势非常猛烈，只用了三个交易日即实现了从第三级台阶到第四级台阶的突破。在2009年2月9日指数高开高走，以中阳线突破第四级台阶目标位，继而进入第五级台阶目标位的计算。

根据上涨五级台阶公式：

$$第五台阶 = g \times (模数 \times 4 + 1) \times (模数 + 1)$$

代入数据可得：$1664.92 \times 1.3216 \times 1.0804 = 2377.27$。指数突破第四级台阶之后涨势依旧，连续6个交易日中出现4根阳线，2009年2月16日、17日指数突破第五台阶目标位，17日达到的最高点位是2402.80，并收盘于2319.44点，收盘点位低于第五级台阶目标位。此时指数受到台阶压力，同样需要留意风险。正如图中所示，指数受压后又开始一次深幅调整。

调整结束后，指数继续上涨，并于2009年4月1日愚人节这天以小阳线突破第五级台阶。此时指数继续上涨，就需要用到第六级台阶的计算公式：

$$第六台阶 = g \times (模数 \times 4 + 1) \times (模数 \times 2 + 1)$$

代入数据可得：$1664.92 \times 1.3216 \times 1.1608 = 2554.18$，即第六级台阶目标位是2554.18点。图中可以看到，指数突破第五级台阶之后进行过一次小幅调整，之后继续上涨。从2009年4月13日到16日，连续4个交易日的最高点都在目标位附近，之后于20日实现突破。当22日出现一根长上影线的大阴线时，投资者就需要防范风险，指数在这个位置产生了调整。

由此可见，在实战中用高级数阶梯来判断股价调整时机是非常实用的。

第三节　下跌六阶运算公式

在上一节中，我们通过低点抬高的方式在上涨一、二级台阶公式的基础上推导出了四至六级的上涨台阶公式，并将它们应用于实战。在股市中，与上涨对应的就是下跌，相比于对上涨的预测，台阶模型对下跌的预测更加精准。当指数连续下跌，跌破第二级台阶目标位之后，我们该如何预测指数未来的点位呢？

在了解了上涨台阶的推导过程后，我们同样可以通过高点降低的方法推导出下跌台阶的公式，如下图：

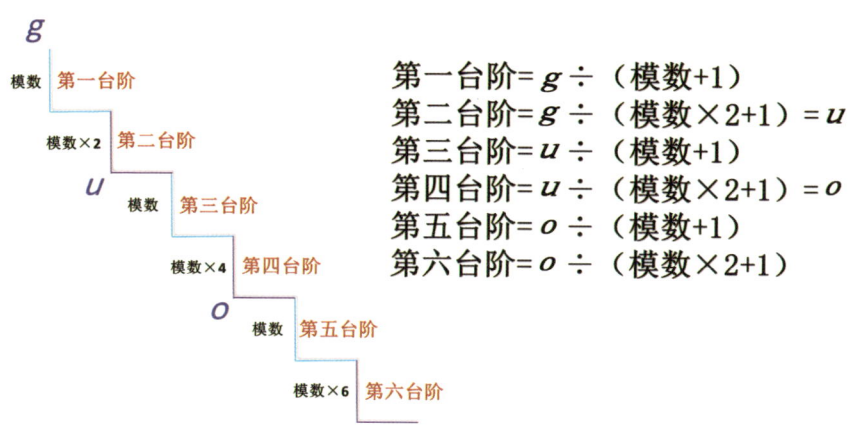

图 4.3.A　下跌各级台阶公式图解

图 4.3.A 是下跌各级台阶公式推导过程示意图。同样设初始高点为 g，代入二级台阶公式可求得第二台阶目标位，并将此高点设为 u。将 u 代入二级台阶公式求得第四台阶目标位，将此高点设为 o。最后将 u 和

o 代入第一、二级台阶公式，可求得第三、五级，第四、六级台阶公式。

下跌各级台阶公式如下：

第一台阶 $= g \div$（模数 $+ 1$）

第二台阶 $= g \div$（模数 $\times 2 + 1$）$= u$

第三台阶 $= u \div$（模数 $+ 1$）

第四台阶 $= u \div$（模数 $\times 2 + 1$）$= o$

第五台阶 $= o \div$（模数 $+ 1$）

第六台阶 $= o \div$（模数 $\times 2 + 1$）

再将 $o = u \div$（模数 $\times 2 + 1$）和 $u = g \div$（模数 $\times 2 + 1$）代入上述公式中，可求得下跌第三至六级台阶的计算公式为：

第三台阶 $= g \div$（模数 $\times 2 + 1$）$\div$（模数 $+ 1$）

第四台阶 $= g \div$（模数 $\times 4 + 1$）

第五台阶 $= g \div$（模数 $\times 4 + 1$）$\div$（模数 $+ 1$）

第六台阶 $= g \div$（模数 $\times 4 + 1$）$\div$（模数 $\times 2 + 1$）

下跌三级台阶预测案例如下：

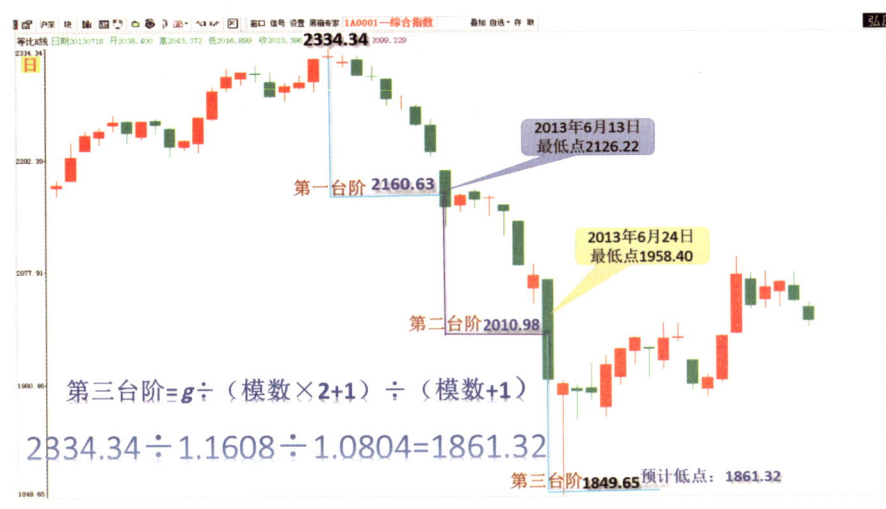

图 4.3.B 大盘下跌三级台阶案例

如图 4.3.B 是上证指数从 2013 年 5 月 2 日到 2013 年 7 月 18 日的日 K 线走势图，可以看到图中波段的高点出现在 2334.34 点。在下跌走势中，投资者很难确定指数最终会下跌到什么位置，与上涨台阶的运算一样，我们同样需要根据台阶公式逐级台阶进行追踪确认。

当确认指数从高点 2334.34 开始下跌，我们就可以根据台阶模型的公式进行逐级计算下跌目标位。将高点 $g=2334.34$ 和大盘模数 0.0804 分别代入下跌一至三级台阶公式：

第一台阶＝g÷（模数＋1）

第二台阶＝g÷（模数×2＋1）

第三台阶＝g÷（模数×2＋1）÷（模数＋1）

可以求得各级台阶目标位为：

第一级台阶目标位：

2334.34÷（0.0804＋1）＝2334.34÷1.0804＝2160.63

第二级台阶目标位：

2334.34÷（0.0804×2＋1）＝2334.34÷1.1608＝2010.98

第三级台阶目标位：

2334.34÷（0.0804×2＋1）÷（0.0804＋1）＝

2334.34÷1.1608÷1.0804＝1861.32

在实际的走势中，指数于 2013 年 6 月 13 日以一根中阴线跌破第一级台阶目标位 2160.63 点，下影线上的最低点出现在 2126.22 点，根据"三三原则"可确认有效跌破，之后指数继续下跌，向第二级台阶目标位运行。

> 嘿，看这里！
>
> 每一只个股的台阶模数都不一样，但同一只个股在计算上涨和下跌时使用的是同样的台阶模数。

其后，指数于 2013 年 6 月 24 日以长阴线跌破第二级台阶目标位，

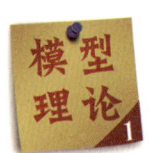

在图中用黄色圆角矩形标注，这个交易日的最低点为1958.40，低于目标位50多个点。指数在第二级台阶目标位没有停留，继续向第三级台阶目标位接近。

前文中根据公式计算出下跌第三台阶的目标位为1861.32点。图中可以看到，当指数下跌到1849.65点时，开始见底启涨，指数的实际最低点比目标位低11.67个点。在实际的操作中，投资者可依据台阶公式把握指数的底部。

在上涨台阶预测的案例中，曾出现过以带有长上影线的阴线见顶，并且上影线达到目标位后受压下跌的情况。在讲到这种情况时，我们曾着重强调需要投资者留意风险。而在这个案例中，出现了以带有长下影线的阳线见底，下影线达到目标位之后受到支撑上涨的情况，正好与上涨台阶中的情况相对应，则此时指数出现上涨的可能性会比较高。

若指数下跌走势强劲，当跌破第三台阶后，就需要用到第四级台阶的运算公式来预测指数下跌的点位。前文中已经列举出下跌四级台阶的运算公式：

$$第四台阶 = g \div (模数 \times 4 + 1)$$

实际使用中有哪些需要注意呢？下图是大盘下跌四级台阶的案例：

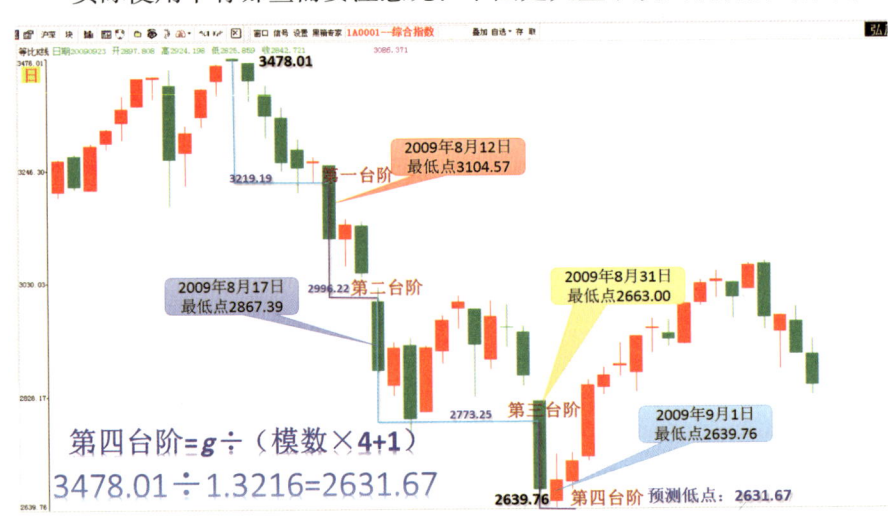

图4.3.C　大盘下跌四级台阶案例

如图 4.3.C 是上证指数从 2009 年 7 月 20 日到 2009 年 9 月 23 日的日 K 线走势图，指数在 2009 年 8 月 4 日出现高点 3478.01 点，之后开始下跌走势。确认下跌走势后投资者可以根据前文中列举的下跌台阶公式开始逐级台阶追踪确认。

首先根据高点 $g = 3478.01$ 点将模数 0.0804 代入下跌一级台阶公式，可以得到第一台阶的下跌目标位为：

$$3478.01 \div 1.0804 = 3219.19$$

在图 4.3.C 实际的走势中，指数在高点之后连续下跌四个交易日，收出四根阴线，并且于 2009 年 8 月 10 日创出新低 3201.06 点，跌破预测低点 3219.19 近 18 个点。次日指数走出十字星走势，下影线最低点在 3222.71，在接近预测位时开始反弹，但在次日（2009 年 8 月 12 日）以大阴线直接跌破第一台阶，当日最低点为 3104.57，根据"三三原则"判断，属于有效跌破。

此时需要计算第二级台阶目标位，根据下跌二级台阶公式计算下一目标位：

$$3478.01 \div 1.1608 = 2996.22$$

指数在跌破第一台阶之后，次日低开高走收出一根假阳线。2009 年 8 月 14 日指数继续下跌，最低点距目标位近 50 个点。下个交易日（2009 年 8 月 17 日）指数低开低走，以一根大阴线跌破第二台阶，最低点 2867.39，跌破目标位一百多个点，毫无疑问属于有效跌破。

此后指数继续下跌，那么我们需要计算第三级台阶目标位，根据下跌三级台阶公式可求得第三级台阶目标位为：

$$3478.01 \div 1.1608 \div 1.0804 = 2773.25$$

图 4.3.C 中可以看到，指数跌破第二级台阶之后，仅用了两个交易日就下跌到第三级台阶附近，2009 年 8 月 19 日收出长阴线，且带有下影线，触及第三级台阶目标位。次日指数却开始反弹，走出一个倒 U 形走势，之后再次接近第三级台阶目标位。在 2009 年 8 月 31 日指数低

开低走，以长阴线跌破第三级台阶目标位，当日最低点为 2663.00 点，属于有效跌破，需要计算第四级台阶的目标位。

根据前文中求得的公式：

$$第四台阶 = g \div (模数 \times 4 + 1)$$

代入数据可得：3478.01 ÷ 1.3216 = 2631.67，即第四级台阶的下跌目标位是 2631.67 点，投资者可在此点位耐心等待。因为指数在 2009 年 8 月 31 日是以长阴线跌破第三级台阶，并且当日最低点 2663.00 已经接近第四级台阶的目标位，所以在下一个交易日（2009 年 9 月 1 日）指数低开高走，当日见到最低点 2639.76，与第四级台阶预测目标位相差 8.09 个点，之后启涨。

通过各级台阶公式的计算，我们可以根据指数走势逐步预测指数下跌的低点。与上涨台阶模型相对应，下跌台阶公式也有六级。

下跌五级台阶公式的实战案例如下：

图 4.3.D　大盘下跌五级台阶案例

图 4.3.D 是上证指数从 2008 年 5 月 8 日到 2008 年 7 月 17 日的日 K 线走势图，指数在 5 月 15 日见到波段高点 3706.72 点，当确定指数开始下跌后，就可以根据台阶公式开始逐级台阶追踪确认。

前文中我们得出了下跌五级台阶公式为：

第五台阶＝g÷（模数×4＋1）÷（模数＋1）

首先将高点3706.72点分别代入下跌各级台阶公式，求得下跌各级台阶的目标位分别为：

第一台阶下跌目标位：3706.72÷1.0804＝3430.88

第二台阶下跌目标位：3706.72÷1.1608＝3193.25

第三台阶下跌目标位：3706.72÷1.1608÷1.0804＝2955.61

第四台阶下跌目标位：3706.72÷1.3216＝2804.72

第五台阶下跌目标位：3706.72÷1.3216÷1.0804＝2596.00

图中我们可以看到，在实际的走势中指数从波段高点开始下跌，连续四个交易日收出阴线，于2008年5月20日最低点达到3432.38点，与预测点位相差1.5个点。次日指数低开高走，收出一根阳线，但最低点跌破第一台阶目标位，之后反弹收出两个阴十字星，但在下个交易日继续下跌，当日最低点3361.99点，跌破第一台阶目标位3430.88点。

> 嘿，看这里！
> 由于台阶模型中存在着二阶稳定性，所以在实际走势中，越高级数阶梯出现的情况就越少。大多数走势都可以用一、二级台阶模型计算。

指数跌破第一级台阶之后，开始在台阶目标位附近反复震荡，震荡持续了9个交易日。之后在2008年6月10日指数大幅跳空低开，直接以长阴线跌破第二台阶，当日最低点见到3045.06点，比第二台阶目标位3193.25点低出接近150个点，属于有效跌破。

指数跌破第二级台阶之后开始加速下跌，在2008年6月12日以一根长下影线的小阴线逼近第三台阶，其下影线跌破第三台阶后受到支撑，最终收盘于2957.53点，与目标位相差不到两个点。次日指数继续下跌，直接以长阴线跌破第三级台阶，当日最低点为2865.50，低于目标位90个点，属于有效跌破。

此时就需要用到第四级台阶的目标位，前文中我们求得第四级台阶的目标位为 2804.72 点。

在图 4.3.D 中可以看到，指数在跌破第三级台阶之后延续下跌走势，2008 年 6 月 17 日指数接近第四级台阶目标位，下影线跌破目标位，见到 2769.11 点。之后受到台阶支撑最终收盘于 2794.75 点，比目标位低了不到 10 个点位。随后指数开始在目标位附近宽幅震荡，在 2008 年 6 月 27 日再次以中阴线跌破第四台阶，当日最低点为 2723.16。之后指数开始以 45 度角匀速下跌，逐渐接近第五级台阶目标位。

嘿，看这里！

在实战操作中，以长下影线到达目标位，之后受台阶支撑而收盘于目标位之上的情况，需要投资者格外留意，这很有可能是指数启涨的预兆。

最终在 2008 年 7 月 3 日见到最低点 2566.52，触及第五级台阶目标位，最终收盘于目标位之上，此后指数开始上涨。根据前文中列举的第六级台阶计算公式：

$$第六台阶 = g \div （模数 \times 4 + 1） \div （模数 \times 2 + 1）$$

我们可以对指数的下跌走势做出进一步的预测。

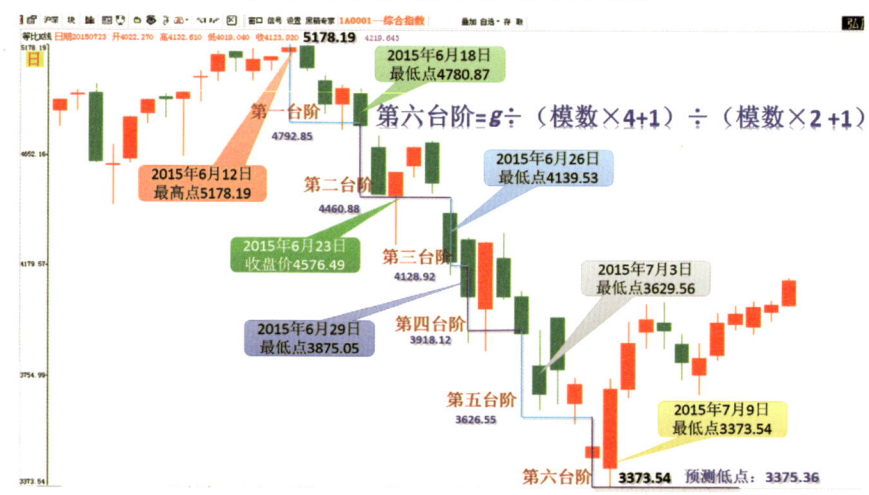

图 4.3.E　大盘下跌六级台阶案例

图 4.3.E 是上证指数从 2015 年 5 月 26 日至 2015 年 7 月 23 日的日 K 线走势图，这个案例十分具有代表性，对波段低点的预测相当精确。

众所周知，5178 点是近期牛市的高点，它出现在 2015 年 6 月 12 日，此后指数出现了长时间大幅度的下跌，被称为"股灾 1.0"。当指数开始下跌时，我们就可以根据台阶公式开始逐级台阶的追踪确认。

通过上文中所举的案例，我们可以发现，实际上在模数已知且不变的情况下，我们完全可以将公式简化。

比如下跌一级台阶公式为：第一台阶 = $g \div$（模数 + 1），大盘模数 = 0.0804。所以在预测大盘走势时，我们完全可以将公式简化为：

$$第一台阶 = g \div 1.0804$$

这种简化在低级台阶公式中效果不大，但在高级台阶公式的运算中却可以极大地方便记忆和计算。但需要注意的是，针对大盘或某一只个股的模数已知且不变的情况，才可以对公式进行这种方式的简化。

我们将高点 g 代入简化公式，可以求得第一级台阶的目标位：

$$5178.19 \div 1.0804 = 4792.85$$

指数开始下跌的前两个交易日跌势很坚决，连续的中阴线下跌加上跳空低开的走势，第三个交易日开始出现小阳线反弹，长下影线触及台阶目标位。第四个交易日（2015 年 6 月 18 日）指数继续下跌，中阴线达到第一级台阶预测目标位，最低点 4780.87，低于目标位 11.98 个点。下个交易日指数跳空低开正式跌破第一台阶目标位，此时需要计算第二级台阶目标位。

前文中列举了下跌第二级台阶的计算公式：第二台阶 = $g \div$（模数 $\times 2 + 1$）。我们按照前文中的思路对它进行简化可得简化公式为：

$$第二台阶 = g \div 1.1608$$

代入高点 5178.19 可得第二台阶下跌的目标位为 $5178.19 \div 1.1608 =$ 4460.88 点。图 4.3.E 中我们可以看到，实际上当指数跳空低开以长阴线跌破第一级台阶目标位这一个交易日的低点 4476.50 点就几乎达到了第

二台阶目标位 4460.88 点，两者仅相差十几个点。

下个交易日（2015 年 6 月 23 日）指数跌破第二台阶目标位置后受到支撑，最终收在第二级台阶的位置之上，图中可以看到这一天的走势形成了一个有长下影线的中阳线。

次日指数持续了一天的小幅上涨走势，之后再次开始大幅下跌，当日最低点为 4483.55，同样接近第二级台阶目标位。

最终指数于 2015 年 6 月 26 日以长阴线跌破第二级台阶目标位，最低点在 4139.53，进而计算第三级台阶目标位。

我们同样将第三级台阶公式：$g \div （模数 \times 2 + 1） \div （模数 + 1）$ 进行简化：

$$第三台阶 = g \div 1.1608 \div 1.0804 = g \div 1.25412832$$

在用这种方法简化台阶公式时，第三、第五和第六级台阶的公式可以进一步简化，如第三台阶既可以简化为 $g \div 1.1608 \div 1.0804$，也可以进一步简化为 $g \div 1.25412832$。

在实际使用中，如果不追求精确，只大概预测目标位的话，第二种简化公式中的数据也可以保留小数点后四位变为 $g \div 1.2541$。保留小数点后四位的公式与原公式的结果之间会稍有误差，所以称之为模糊预测公式。在大盘上进行运算，该误差一般不会大于一个点位，例如将 2015 年 6 月 12 日的高点分别代入两种简化公式，可求得两种计算的目标位：

精确预测：$5178.19 \div 1.1608 \div 1.0804 =$
$5178.19 \div 1.25412832 = 4128.92$

模糊预测：$5178.19 \div 1.2541 = 4129.01$

计算出第三级台阶目标位之后我们可以发现，2015 年 6 月 26 日指数跌破第二级台阶之后，最低点距离第三级台阶的预测目标位仅有 10 个点，几乎是一根 K 线跌穿两级台阶。

下一个交易日，即 2015 年 6 月 29 日，指数高开低走，仍以长阴线跌破第三节台阶目标位，最低点3875.05。此时就需要计算第四级台阶的目标位，我们可以将下跌四级台阶公式$g \div$（模数$\times 4 + 1$）简化为：

$$第四台阶 = g \div 1.3216$$

代入数据可得结果为3918.12，则第四级台阶的下跌目标位是3918.12点。2015年6月29日的下跌比上个交易日还要夸张——这一交易日指数在跌破第三台阶目标位的基础上，最低点甚至直接跌破第四级台阶目标位40多个点。

下一个交易日指数开始反弹，收出一根长阳线，同样是下影线跌破目标位，当日收盘于目标位以上。之后指数又开始了加速下跌。从图4.3.E中可以看到，指数在2015年7月2日跌破第四台阶目标位后受到支撑，最终收盘于3912.77点，十分接近目标位。2015年7月3日，指数跌破第四级台阶目标位，最低点为3629.56。

进而计算第五级台阶的目标位，前文中列举出下跌五级台阶公式$g \div$（模数$\times 4 + 1$）$\div$（模数$+ 1$），我们可以将它简化为：

$$第五台阶 = g \div 1.3216 \div 1.0804 = g \div 1.42785664$$

也可以如第三级台阶一样进一步简化为模糊预测公式：

$$第五台阶 = g \div 1.4279$$

代入数据可得第五级台阶目标位如下：

精确预测：$5178.19 \div 1.3216 \div 1.0804 = 3626.55$

模糊预测：$5178.19 \div 1.4279 = 3626.44$

指数跌破第四级台阶之后依旧延续下跌走势，2015年7月3日的最低点为3629.56点，与第五台阶目标位3626.55仅相差3.01个点，次日指数高开低走，形成假阴线反弹，当日最低点为3653.04点。

巧合的是，在下个交易日的走势中指数出现低开高走，以假阳线下跌，下影线的最低点为3585.40点，低于目标位3626.55点，并收于目标位之上，情况正好与前一交易日相反。此时指数受到台阶支撑，需要关注可能的机会，但要做出切实的判断还为时尚早。

在实际的走势中,指数受到支撑之后继续下跌,次日同样以一根假阳线跌破第五级台阶目标位。此时指数继续下跌就需要用到前文中列举的第六级台阶的计算公式:$g \div (模数 \times 4 + 1) \div (模数 \times 2 + 1)$,按照简化规律,我们可以得到精确公式和模糊预测公式:

精确公式:第六台阶 $= g \div 1.3216 \div 1.1608 = g \div 1.53411328$

模糊公式:第六台阶 $= g \div 1.5341$

代入数据可得如下结果:

精确预测:$5178.19 \div 1.3216 \div 1.1608 = 3375.36$

模糊预测:$5178.19 \div 1.5341 = 3375.39$

则第六级台阶目标位是 3375.36 点。图 4.3.E 中可以看到,指数跌破第五级台阶之后,下一交易日即 2015 年 7 月 9 日以大阳线启涨,形成的最低点为 3373.54 点,与预测的第六级台阶目标位仅相差 1.82 个点。台阶模型预测的精准程度在这个案例中再次得到展现。

小 结

本章是第一章内容的延伸,详细讲解了台阶模型中上涨和下跌六级台阶预测的公式推导过程。

其中最基础的公式是一级和二级台阶公式(因为台阶模型的二阶稳定性),高阶公式都是通过低点抬高或者高点降低的方式在此基础上推导出来的。

前文中笔者只列举了六阶台阶公式,但只要掌握了本节中的内容,各位读者自己也可以推导出更高阶的公式。

第五章　台阶模型预测

经过对前文的学习，是不是觉得台阶模型很简单，很好掌握？台阶模型好掌握是真的，简单，却不尽然。

股市的运行受到诸多因素的影响，如宏观经济、政策法规、自然灾害、意外事件、上市公司经营状况等，这些因素都是股市复杂和不可预知的原因。而这种现状就决定了投资者想要在股市中依靠一种简单的模式或者方法获利是不可能的。

用简单的方法准确预测股市这种想法本身就太简单了，所以台阶模型的实战，笔者首先从台阶模型的复杂性开始讲起。

第一节 台阶模型大盘实战

整个台阶模型中最复杂的地方就是模数，每一只个股的模数都不一样。而随着股市的发展，有些个股的模数还可能会逐渐发生变化。这种渐变过程是以年为单位的，笔者称这种模数逐渐调整的过程为模数的钝化。

所以在实际使用中，笔者建议读者最好每隔五年对大盘模数进行一次验算，与时俱进，与时俱变，这也是台阶模型准确的重要保证。

对于个股也是如此，越是股价变化波动剧烈的股票，模数钝化的速度就越快，模数的验算周期就越要缩短，但是没必要短于一年，太过频繁的验算只是浪费时间。

当然，如果时间仓促或者因为其他原因，不对模数进行验算也可以，因为模数的变化是一个渐变的过程，长时间不进行验算，不会导致台阶模型无法使用，但是可能会增加预测结果的误差。

例如下面的案例：

图 5.1.A　2010 年上证指数日线走势台阶预测图

如图 5.1.A 是上证指数从 2009 年 11 月 13 日到 2011 年 1 月 31 日的日 K 线走势图。这张走势图上几乎包含了 2010 年全年的走势，可以看到，指数的涨跌变化可以用一个个台阶表示出来。

> 嘿，看这里！
> 2010 年大盘的模数是 0.078，而在 2011 年开始使用 0.0804 这个模数来进行计算准确度更高。这是近年来发生在大盘上的模数钝化现象。

在图中左侧，指数在 2009 年 11 月 24 日出现高点 3361.39 点，之后指数开始下跌，我们可以根据台阶公式开始逐级台阶的追踪确认。

首先计算下跌一级台阶的目标位为 3361.39÷1.078=3118.17 点。

在实际的走势中，指数在三个交易日之后跌破第一台阶目标位近 40 个点位，最低点位于 3080.89 点。次日指数在 3114 点开盘，开始了一波反弹走势。

此处我们可以用低点 3080.89 对指数反弹的高点进行预测，根据上涨一级台阶公式，第一台阶 = g ×（模数＋1），代入数据可得预测反弹高点为 3080.89×1.078=3321.20 点。

指数在低点启涨后经过六个交易日出现反弹高点 3334.01 点，与预测高点 3321.20 相差 12.81 个点。

在之后的走势中，指数从 3334.01 点开始下跌，在第一台阶处再次出现一波反弹走势，低点出现在 3039.85 点，代入一级台阶公式可得 3039.85×1.078=3276.96 点。在实际走势中指数的反弹高点出现在 3295.86 点，与预测反弹高点相差 18.9 个点。

指数在此次反弹高点附近进行了几次震荡以后再次下跌，并迅速跌破了由 3361.39 预测的下跌第一台阶，此时我们需要计算下跌第二台阶，代入公式可得第二台阶预测位为 3361.39÷1.156=2907.78 点。

在实际的走势中，指数持续下跌，正好在第二台阶目标位附近出现反弹，实际低点出现在 2890.02 点。

我们可以根据台阶公式预测反弹的高点为 2890.02×1.078=3115.44 点，图 5.1.A 中可以看到，在实际的走势中指数的反弹在 2010 年 3 月 4 日出现高点 3102.40 点。之后指数调整到 2963.44 点再次上涨，同样将低点代入台阶公式预测上涨的高点为 2963.44×1.078=3194.59 点，与实际的走势高点 3181.66 点相差 12.93 个点。

指数从 2010 年 4 月 15 日的 3181.66 点开始大幅下跌，26 个交易日后出现反弹走势，此处的反弹低点为 2481.97 点。这个点位可以通过两种方式来预测，第一种是用最初的最高点 3361.39 进行逐级的台阶追踪，此次反弹的起点刚好是指数下跌到第四级台阶位置附近，根据下跌四级台阶公式，代入高点和模数可得预测低点为 3361.39÷1.312=2562.04 点。

可以看到这个预测的误差有些偏大，那么我们采用第二种方式，我们使用指数在反弹之前的低点，即 2890.02 点作为预测的起点。这里也是从 3361.39 点开始下跌的第二级台阶处，但是因为预测值和实际值之间稍有误差，所以这里我们选择实际值代入公式。

因为我们要计算的点位在从 3361.39 点开始下跌的第四级台阶处，所以在 2890.02 点开始还要下跌两个台阶，将这个点位代入下跌二级台阶公式可以求得反弹目标位为 2890.02÷1.156=2500.02 点。

这个预测值与实际的反弹低点 2481.97 之间相差不到 20 个点，属于比较接近的。

图 5.1.A 中我们可以看到，在实际的走势中，指数在反弹到高点 2686.54 之后开始下跌，此时我们可以通过三种方法来预测此次下跌的低点。

首先是以最高点 3361.39 来预测指数的最低点，通过逐级台阶的追踪确认，我们可以知道最低点的位置正好是下跌五级台阶的目标位附近，那么根据五级台阶公式可求得目标位为 3361.39÷1.312÷1.078=2376.66。

在实际的走势中，指数最终在 2319.74 这个点位启涨，与预测的 2376.66 点相差 56.92 个点，这个预测的数值与实际值之间仍存在误差。

一般来说，使用台阶模型预测时使用的起始点距离预测点位越远，高低点之间的走势波动越剧烈，将会使预测的精确程度越低，所以在前面的案例中笔者用 2890.02 点进行的预测比用 3361.39 点进行的预测精确程度要高。

第二种预测方法是通过反弹高点 2686.54 做起点开始预测，代入一阶下跌公式可得出目标位为 2686.54÷1.078=2492.15 点。在实际走势中指数在 2010 年 6 月 8 日再次出现反弹，最低点恰好是 2491.65 点，与预测点位仅相差 0.5 个点！

反弹之后指数在 6 月 18 日再次下跌到接近目标位的 2505.32 点出现小幅反弹走势之后，开始连续下跌，并最终跌破第一级台阶。进而以 2686.54 点为起点计算下跌二级台阶的目标位，将数据代入公式可得 2686.54÷1.156=2324.00，即下跌二级台阶的目标位是 2324.00，与走势的实际值 2319.74 点相差了 4.26 个点。

最后一种方法就是用 2890.02 点进行预测，因为我们要计算的点位在从 3361.39 点开始下跌的第五级台阶处，所以指数从 2890.02 点开始还要下跌三个台阶，将数据带入下跌三级台阶公式可得出预测低点为 2890.02÷1.156÷1.078=2319.13 点，与走势的实际值之间相差不到 1 个点位！

指数从 2319.74 点启涨之后我们就可以根据台阶公式开始逐级台阶的追踪确认，首先将低点数据代入上涨一级台阶公式，可求得一级台阶的上涨目标位为：

上涨目标位 =2319.74×1.078=2500.68 点

在实际的走势中，指数在经过七个交易日的连续上涨之后在 2010 年 7 月 12 日出现回调走势，高点出现在 2501.02 点，与我们的实际预测结果 2500.68 点仅相差不到一个点，这又是一次十分精准的预测！

指数在回调结束之后继续上涨，很快就以长阳线突破了第一台阶的目标位，可见此时指数上涨的势头很强，那么我们可以根据上涨二级台阶公式求得上涨目标位为 2319.74×1.156=2681.62 点。

图 5.1.A 中可以看到在实际的走势中，指数正是在 2681.79 这个点位开始了回调走势！台阶模型再次向我们展示了它的准确性。

在之后的日子里，指数在这个位置开始了持续近 40 个交易日的震荡横盘走势。横盘结束之后指数继续大幅上涨，与之前走势中的预测相似的是，此时我们同样可以通过三种方法来预测此次上涨的高点。

首先是以最低点 2319.74 来预测指数的高点，通过逐级台阶的追踪确认，我们可以知道此次高点的位置正好是上涨四级台阶的目标位附近，那么我们可以根据四级台阶公式求得此次上涨的目标位为 2319.74×1.312=3043.50 点。

在实际的走势中，指数最终在 3186.72 点位开始下跌走势，与预测结果相差颇大，我们来看一下另外两种预测方法的结果。

第二种预测方法是通过震荡横盘期间的最高点，即 2010 年 9 月 7 日的 2704.93 点为起点开始预测，因为指数横盘的高点位置是在以 2319.74 点为起点开始计算的上涨二级台阶的位置，而 3186.72 点是出现在以 2319.74 点为起点开始计算的上涨四级台阶目标位附近，所以将 2704.93 带入上涨二级台阶公式可以求得指数高点的目标位是 2704.93×1.156=3126.90 点，可以看到，预测结果比较接近实际点位。（在实际的使用中，投资者即使选择 2704.93 点作为起始点，仍需要通过逐级台阶的追踪确认来预测指数的走势，本文中的思路适合于读者理解但不适用于实战中使用。）

指数在 2010 年 9 月 20 日的最低点 2573.62 结束横盘，开始大幅上涨之后，于 2010 年 10 月 26 日到 29 日之间的四个交易日进行了幅度接近 3% 的回调走势，回调的低点为 2955.48 点。

所以最后一种方法就是用回调低点 2955.48 点进行预测，将这一数值带入上涨一级台阶公式中可求得上涨目标位 2955.48×1.078=3186.01

点，在实际的走势中，指数有一次正好在我们的预测点位上出现高点3186.72点！

当指数从3186.72点再次开始下跌时，我们可以继续使用台阶模型对走势进行逐级台阶的追踪确认。首先将高点3186.72代入下跌一级台阶公式中以求得反弹目标位，通过计算3186.72÷1.078=2956.14，可以得到反弹的目标位为2956.14点。

在实际的走势中，指数出现高点后的第二个交易日，即2010年11月12日开始了一次小幅反弹走势，反弹起始点是2975.16点，恰在预测点位附近。反弹之后指数跌破第一级台阶目标位继续下跌，此时可以将高点代入下跌二级台阶公式，可求得下跌反弹的目标位为3186.72÷1.156=2756.68点。

而指数在实际走势中出现反弹的位置在2010年11月30日的最低点2758.92点，与预测点位2756.68仅相差2.24个点位。

之后走势在以3186.72点为起点的下跌第一级台阶和第二台阶的目标位之间开始震荡横盘走势，并于2010年12月15日在低于第一级台阶的目标位17.09个点的2939.05点开始下跌。我们可以2939.05点为高点进行下跌目标位的预测，将高点代入下跌一级台阶公式可得：2939.05÷1.078=2726.39，即下跌台阶目标位为2726.39点。

最终指数在2010年12月29日的最低点2721.48点出现反弹，与预测结果仅相差不到5个点。

指数此次反弹走势在最高点2868.01点之后开始下跌，我们同样可以用高点2868.01来预测指数低点的目标位，代入公式可得2868.01÷1.078=2660.49，即指数的下跌低点目标位为2660.49。而图中可以看到，指数的实际低点出现在2661.45点，与预测结果相差不到1个点！

通过上面的案例，各位读者可以看到台阶模型的神奇之处，在下文的案例中笔者将用台阶模型对上证指数历年的走势进行测算。

2011年的上证指数走势台阶预测案例如下：

图 5.1.B　2011 年上证指数日线走势台阶预测图

图 5.1.B 是上证指数从 2011 年 1 月 11 日到 2012 年 1 月 11 日一年间的日线走势。同样可以用台阶模型来衡量指数的涨跌变化。

在上一个案例中，我们通过台阶模型预测到了 2661.45 这个低点，当指数开始上涨时我们可以继续根据台阶公式开始逐级台阶的追踪确认。需要注意的是，2011 年以后大盘的台阶模数使用 0.0804 更为精确。

首先计算上涨一级台阶的目标位为 2661.45×1.0804=2875.43 点。在实际的走势中，指数在经过一波快速的拉升之后，于 2011 年 2 月 22 日在高于第一级台阶目标位 68.98 个点的位置出现高点。之后指数开始大幅下跌，并于高点之后第一个交易日出现低点 2839.20，继续上涨走势，说明指数涨势强劲。对于此次指数上涨的高点目标位，我们可以通过两种方式来计算。

第一种方法是通过 2661.45 点来进行逐级台阶的追踪确认，因为指数在实际走势中突破了上涨第一级台阶的目标位，所以将 2661.45 带入上涨二级台阶公式可求得上涨目标位为 2661.45×1.1608=3089.41 点。

而第二种方法是通过指数上涨中的回调低点 2839.20 点作为起点进

行台阶预测，将 2839.20 点代入上涨一级台阶公式，可求得指数的上涨目标位为 2839.20×1.0804=3067.47 点。

在实际的走势中，指数从 2839.20 点经过 37 个交易日的上涨之后出现了高点，高点的点位正是 3067.45 点！

可以看到，第一种方法的预测结果与实际值之间有些误差，而第二种方法的预测结果与实际值之间相差不到一个点！在实际使用中，当可以用多种方法计算走势的高点或低点时，建议各位读者把每一个点位都计算出来，然后再观察市场到哪个位置出现有效支撑或者压力，这种方法是最稳妥的。

指数在 3067.45 点开始进入单边下跌走势，我们可以根据台阶公式开始逐级台阶的追踪确认。

首先将高点代入下跌一级台阶公式可以求出一级台阶的下跌目标位：

> 嘿，看这里！
>
> 通过观察指数在此处的走势，我们可以发现，"台阶"对指数的支撑作用不亚于任何一条趋势线。实际上，不仅是支撑作用，台阶的目标位一般会对短期走势起到支撑或者压力作用。

3067.45÷1.0804=2839.18，即一级台阶的下跌目标位为 2839.18 点。

图 5.1.B 中可以看到，在实际的走势中，指数于 2011 年 5 月 6 日最低点 2834.45 点处出现反弹走势，反弹起始点与预测目标位仅相差 4.73 个点。

五个交易日后，指数再次触及目标位开始反弹，反弹起始点为 2832.25 点。巧合的是，两个交易日之后指数第三次触及目标位开始反弹，反弹起始点为 2821.20 点。

第三次反弹结束之后，指数迅速跌破第一级台阶。我们将高点代入二级台阶公式可求得二级台阶的下跌目标位为 3067.45÷1.1608=2642.53 点。

在实际的走势中，2011 年 6 月 20 日指数在预测结果附近的 2610.99 点出现大幅度反弹走势。

因为指数此次上涨的幅度接近一级台阶的高度，我们可以用反弹的起始点 2610.99 点来预测此次反弹的高点。将 2610.99 点代入上涨一级台阶公式可求得反弹目标位为 2610.99×1.0804=2820.91 点，指数反弹的实际高点出现在 2011 年 7 月 18 日的最高点 2826.96 点处，与预测结果相差 6.05 个点位。

指数在 2826.96 点结束反弹开始继续下跌到 2437.68 点才开始出现下一次的反弹走势。对于 2437.68 点我们同样可以有三种方法来进行计算。

第一种方法是通过高点 3067.45 点进行下跌台阶的追踪确认，前文中我们以 3067.45 点为高点计算出了下跌二级台阶的目标位是 2642.53 点，而指数在 2011 年 8 月 8 日以大阴线跌破该目标位。那么我们将高点 3067.45 代入下跌第三级台阶可求得下跌目标位为 3067.45÷1.1608÷1.0804=2445.88 点，与走势中实际的反弹目标位 2437.68 点仅相差 8.2 个点。

第二种方法是选取指数在从 3067.45 点开始下跌的第二级台阶目标位附近的实际低点作为起点进行台阶预测，需要注意的是，使用这种方法的前提是走势符合如本案例中的这种情况。

这种情况在上一个案例中也出现过，指数在单边下跌走势中出现了大幅度的反弹，反弹的幅度接近一级台阶的高度。反弹之后指数继续单边下跌的走势，并且在之前的走势中以最高点 3067.45 点为起点的下跌台阶预测点位与指数实际开始反弹的点位之间存在较大误差。在这种情况下，我们可以选取指数反弹的实际起点即 2610.99 点作为台阶的起点进行逐级台阶的追踪确认。

将指数的实际反弹起点 2610.99 点代入下跌台阶公式进行逐级确认，首先是第一级台阶的目标位为 2610.99÷1.0804=2416.69 点。这个结果与指数的实际反弹起始点相当接近，相差 20.99 个点。

当单边下跌走势中出现较大反弹或单边上涨走势中出现较大规模回

调的情况下（一般指反弹或回调的幅度接近一个台阶高度），若以最低点或最高点为起点的台阶模型的预测点位与反弹或回调的起始点位相差较大，则对于走势后期的预测可以用反弹或回调的起始点为起点进行逐级台阶的追踪确认。但是需要注意的是，这种以低点预测低点或者高点预测高点的方法对于实际点位的预测不一定就会比从高点或低点用高级数台阶模型直接预测的结果精确，这种方法更多的是提供一种点位的可能性，通过多种方法结合来提高台阶模型预测点位的准确性。

第三种方法是通过指数上一次反弹的高点 2826.96 点进行下跌台阶的追踪确认。首先将数据代入下跌一级台阶公式可求得一级台阶的目标位为 2826.96÷1.0804=2616.59 点。

在实际的走势中，指数在 2011 年 8 月 5 日大幅跳空低开跌破第一级台阶目标位之后继续下跌，进而需要计算第二级台阶的目标位，将数据代入下跌二级台阶公式可求得二级台阶的目标位为 2826.96÷1.1608=2435.35 点。

在实际的走势中，指数一直下跌到 2437.68 点才开始出现下一次的反弹走势，与我们的预测结果十分接近，仅相差 2.33 个点。

前文中我们使用台阶模型对 2011 年 8 月 9 日反弹开始的点位 2437.68 点进行了预测，当指数开始反弹时，我们可以将低点 2437.68 点代入上涨台阶公式来预测指数反弹的高点为 2437.68×1.0804=2633.67 点。

图 5.1.B 中可以看到，在实际的走势中指数经过六个交易日的上涨之后，最终于 2011 年 8 月 16 日出现反弹高点 2636.36 点，与预测的结果仅相差 2.69 个点！

指数反弹结束后继续下跌走势，对指数继续下跌的目标位进行预测的方法共有四种。图中可以看到，这一次反弹的幅度接近以 3067.45 点为起始点的一级下跌台阶的高度，所以我们可以以此次指数开始反弹的点位 2437.68 点来对指数反弹结束后继续下跌的目标位进行预测。将数据代入下跌一级台阶公式可求得指数的下跌目标位为

2437.68÷1.0804=2256.28 点。

在实际的走势中指数几经波折下跌到 2307.15 点之后开始了又一次大幅度反弹。可以看到，反弹起始点与预测结果之间存在一些误差，那么我们来看另外三种方法的预测结果。

第二种方法是以此次反弹的高点 2636.36 点为起点进行下跌台阶的追踪确认，首先将 2636.36 代入下跌一级台阶公式可求得下跌一级台阶的目标位为 2636.36÷1.0804=2440.17 点。

可以看到，指数在下跌的过程中于 2011 年 9 月 14 日与预测低点仅相差 0.8 个点的 2439.37 点出现了小幅反弹，并且此下跌目标位与前期低点 2437.68 十分接近，两者共同对指数形成了支撑。可以看到指数在此位置（图中黑色虚线标识台阶）数次受到支撑之后于 2011 年 9 月 23 日以假阳线跌破目标位。进而计算第二级台阶目标位，将数据代入下跌二级台阶公式可求得目标位为 2636.36÷1.1608=2271.16 点。这个点位与反弹起始点之间存在较大误差，我们来看其他两种方法的预测结果。

第三种方法是通过之前一次大幅反弹的高点 2826.96 点进行高级数的台阶预测，在前文中我们计算过指数从这个点位开始下跌两个台阶之后的位置，来预测 2437.68 点。图中可以看到，指数的走势跌破了二级台阶的目标位，进而将 2826.96 点代入下跌三级台阶公式可求得指数的下跌目标位为 2826.96÷1.1608÷1.0804=2254.12 点。遗憾的是，预测的结果与实际值之间同样存在误差，我们来看最后一种方法的预测结果。

第四种方法是以图中最高点 3067.45 点进行逐级台阶的追踪确认，此时指数已经跌破了下跌第三级台阶的目标位，所以将数据代入下跌第四级台阶公式可求得第四级台阶的下跌目标位为 3067.45÷1.3216=2321.01 点。

在实际的走势中，指数在 2307.15 点开始出现大幅反弹，反弹的起始点与预测结果之间十分接近。

可以看到，这个案例中的 2307.15 这个点位十分难以把握，前三种台阶的预测结果都与实际点位相差颇大。这里需要注意的是，有时会通过建立多个台阶模型对同一点位进行预测，以增加准确性。

实际上我们所计算出的每一个点位都会对指数的运行形成支撑或者压力作用，而指数最终会在哪个位置发生转折则受到多方因素的影响，所以通过多种方式求得不同的目标位，则更能对走势的变化进行精确的把握，这也是台阶模型对点位的预测经常能够精确到一个点位的原因。

并且通过不同方式求得的台阶的目标位之间一般会十分接近，有越多的台阶目标位趋于某一个位置，则指数越有可能在这个位置附近发生转折。

通过高级台阶逐级追踪确认的过程中，受到某些因素的影响，可能会在某些台阶的目标位存在误差，但市场本身的运行规律是不会变的，所以某一级台阶与实际走势之间的误差一般不会影响台阶模型对后续走势的预测。

图 5.1.B 中最后一段走势是一段倒 U 形走势，指数从 2307.15 点开始反弹，反弹结束之后下跌，直到出现最低点 2132.63 点。

首先我们可以通过指数的反弹起点 2307.15 点，来预测此次反弹的高点，将 2307.15 和大盘模数 0.0804 代入上涨一级台阶公式可求得反弹目标位为 $2307.15 \times 1.0804 = 2492.64$ 点。

指数在实际的反弹走势中于 2536.78 点结束上涨，在经过 44 个交易日的下跌之后出现最低点 2132.63 点。对这个点位的预测可以采用两种方法（实际上至少有四种方法对这个点位进行预测，但出于篇幅考虑，不具备代表性的方法就不作赘述了，相信通过前文中对案例的描述各位读者也能找出这些方法）。

第一种是图中最高点 3067.45 进行逐级台阶的追踪确认。图中可以看到指数在第四级台阶目标位 2321.01 附近震荡了四个交易日后开始加速下跌，并于 2011 年 12 月 12 日以中阴线跌破了第四级台阶目标位。

将高点 3067.45 和大盘模数 0.0804 代入下跌五级台阶公式可求得低点目标位为 3067.45÷1.3216÷1.0804=2148.29 点。而在图 5.1.B 中走势的最低点出现在 2132.63 点，与预测结果仅相差 15.66 个点。

第二种方法的预测结果更加精确，第二种方法选择指数下跌途中反弹的高点 2826.96 点作为下跌台阶的起始点进行逐级台阶的追踪确认。而 2826.96 点恰好在以 3067.45 点为起点的下跌台阶模型的第一级台阶目标位附近，指数最低点出现在以 3067.45 点为起点的台阶模型中第五级台阶的位置，那么只要将 2826.96 代入下跌四级台阶模型就可预测出图中指数最低点的位置为 2826.96÷1.3216=2139.04 点。而预测的结果与实际值 2132.63 之间仅相差不到 10 个点！

2012 年的上证指数走势台阶预测案例如下：

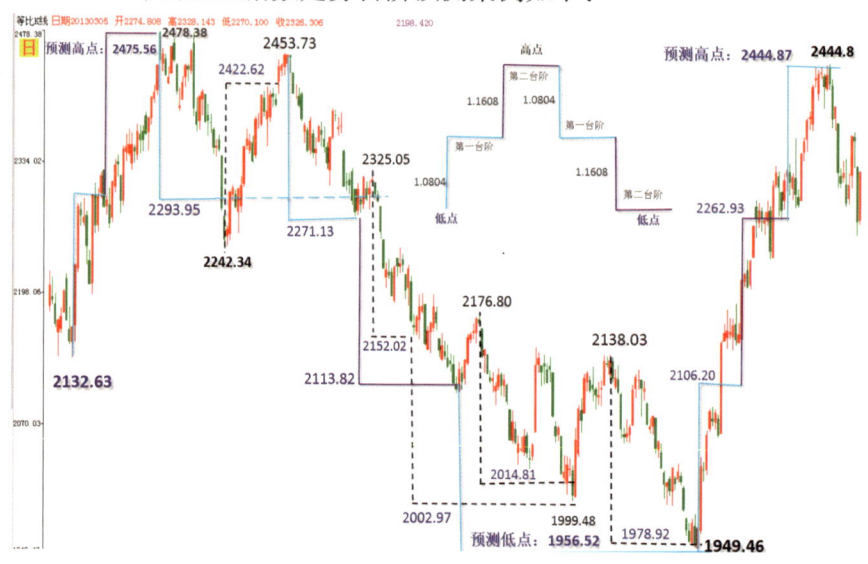

图 5.1.C　2012 年上证指数日线走势台阶预测图

图 5.1.C 是上证指数从 2011 年 12 月 23 日到 2013 年 3 月 5 日的日线走势图，这张走势图上几乎包含了 2012 年全年的走势，可以看到，2012 年指数的涨跌变化同样可以用一个个台阶模型表示出来。

在上一个案例中我们对指数在 2011 年的重要低点 2132.63 点进行

了预测，之后指数开始上涨，我们可以用台阶公式从低点 2132.63 开始逐级台阶的追踪确认。前文中曾写在 2011 年之后上证指数台阶模数用 0.0804 更加准确，所以对 2012 年指数的预测我们同样使用 0.0804 作为台阶模数。

首先将 2132.63 点和台阶模数 0.0804 代入上涨一级台阶公式可求得指数上涨的目标位为 2132.63 × 1.0804=2304.09 点。

在实际的走势中，我们可以看到 2012 年 1 月 12 日指数首次深幅回调。在经历了幅度接近 5% 的回调走势之后 2012 年 1 月 17 日指数以长阳线接近预测目标位，最终收盘于 2298.38 点，比之前走势回调时的起点更加接近目标位。次日指数突破目标位后开始下跌，最终收出一个具有长上影线的中阴线，次日指数再次上涨，最高点 2305.71 刚好在目标位附近。

在之后的走势中，指数在第一级台阶目标位附近出现了一次震荡之后加速上涨突破了第一级台阶，进而需要计算第二级台阶的目标位。将数据代入上涨二级台阶公式为 2132.63 × 1.1608=2475.56，则预测指数高点的目标位为 2475.56 点。

图 5.1.C 中可以看到，指数从 2132.63 点开始上涨之后高点恰好出现在预测点位附近，实际点位为 2478.38 点，与预测点位 2475.56 仅相差不到三个点，毫无疑问这又是一次精准的预测！

高点出现之后，指数开始下跌，我们同样可以用高点来预测指数的下跌走势，将高点 2478.38 点带入下跌一级台阶公式可求得指数的下跌目标位为 2478.38 ÷ 1.0804=2293.95 点。

实际上走势并没有在这个位置出现低点，而是在跌破了一级台阶目标位之后不久出现了低点转头开始向上。看上去这次预测的结果毫无意义，但是通过对指数后期走势的观察，我们会发现这个点位对指数的影响是十分深远的。

图 5.1.C 中我们可以看到，指数在 2012 年 3 月 28 日以长阴线跌破

了预测的目标位——就仿佛它不存在一样。但是当指数出现低点开始转头向上时，却在目标位附近受到压力出现了反复的震荡，当指数结束震荡突破目标位之后经过一轮涨跌，在 2012 年 6 月 7 日到 20 日之间的十余个交易日内又在这一目标位附近出现了反复的震荡走势，可见台阶位对指数后期走势的影响是十分强烈的。

类似的情况也出现在随后的一波上涨走势中，2012 年 3 月 29 日指数出现波段低点 2242.34 点，之后指数开始上涨。我们可以用低点来预测指数的上涨高点，将 2242.34 点带入上涨一级台阶公式可求得指数的上涨目标位为 $2242.34 \times 1.0804 = 2422.62$ 点。

在指数的实际运行中，这个点位也并非走势的转折点，指数的实际高点出现在 2453.73 点，距离我们预测的点位有不小的差距。或许这样的误差在其他预测方法中是可以忽略的，但在台阶模型的预测中，这样的误差却是属于比较大的了。

虽然不是高点，但这个目标位对指数的影响同样不小，指数启涨后于 2012 年 4 月 24 日在与预测结果 2422.62 点仅相差 6.87 个点的 2415.75 点出现了一次回调走势。这次回调走势结束之后，指数继续上涨才出现的波段高点 2453.73 点。

当指数从 2453.73 点开始下跌后第三个交易日，即 2012 年 5 月 10 日，指数出现了一根反弹阳线。这个交易日的走势恰好是反弹到距离目标位 3.5 个点的 2419.12 点结束反弹继续下跌走势，并且之后连续两个交易日的最高点都接近目标位。

由此我们可以得出结论：**根据台阶模型求得的目标位除了对指数的高低点有预测意义之外，还可能会对指数近期的走势产生影响。**这种影响一般会体现为支撑和压力作用，这一性质在上一案例中已有说明。但有时这种影响会有特殊的体现方式，比如 2293.95（图中蓝色虚线标识）这个目标位产生的影响就是对指数的约束作用，即指数会在这个目标位附近震荡（一般来说，随着时间的推移，指数在目标位附近的振幅会越来越大）。其他体现方式笔者在后面的案例中会一一说明。

接下来我们来分析指数从 2453.73 点下跌到 1999.48 点这段走势，2012 年 5 月 4 日，指数从高点 2453.73 点开始下跌，我们可以根据台阶模型进行逐级的追踪确认，首先将高点 2453.73 代入下跌一级台阶公式可求得下跌目标位为 2453.73÷1.0804=2271.13 点。

在实际的走势中，指数从 2012 年 6 月 8 日的最低点 2276.71 点开始了一波反弹走势，反弹的起点与预测的结果十分接近。

指数从低点开始反弹五个交易日后出现高点 2325.05 点，随后指数开始下跌。对于指数后期点位的预测，一方面我们可以继续将 2453.73 点代入下跌台阶公式进行逐级追踪；另一方面可以以这一次反弹的高点 2325.05 点作为起点预测指数下跌的目标位。

实际上多个台阶模型在实战中的搭配使用方法除了通过多个台阶模型对同一点位的预测之外，还有一种方法是通过两个或更多的台阶模型对单边走势进行交替预测，本案例中的情况就属于这一种。

可以看到 2325.05 点处在以 2453.73 点为起点的第一级下跌台阶目标位与 2453.73 点之间的位置，既不接近 2325.05 点也不接近 2453.73 点，那么此时就可以使用两个台阶模型对此次下跌走势进行交替预测的方法来计算指数走势的下跌目标位，具体操作方法如下：

将 2325.05 点代入下跌一级台阶公式为 2325.05÷1.0804=2152.02，即指数下跌的目标位为 2152.02 点。2012 年 7 月 12 日，当指数下跌到目标点位时恰好开始了一波反弹走势，反弹起始点位为 2152.68 点，与预测点位相差不到一个点！

图 5.1.C 中可以看到，目标点位正好处在以 2453.73 点为起点的下跌台阶模型（图中未虚化部分蓝紫色台阶模型）的第一、二级台阶之间。因为同一个台阶模型中一、二级台阶的高度是相等的，所以指数跌破目标位 2152.02 点之后的下个目标位应该在以 2325.05 点为起点的下跌台阶模型（图中未虚化部分最左侧黑色虚线台阶模型）的第一、二级台阶

之间，是图中蓝紫色台阶模型的下跌第二级台阶目标位。

我们将2453.73点代入下跌二级台阶公式可求得蓝紫色台阶模型的下跌第二级台阶目标位为2453.73÷1.1608=2113.82点。在实际走势中2012年7月的最后一个交易日略微低于目标位的位置出现最低点2100.25点，之后开始了幅度达3.64%的反弹走势。

反弹的高点出现在2012年8月10日的最高点2176.80点，之后指数继续下跌，那么指数下跌的下一个目标位就是图5.1.C中未虚化部分最左侧的黑色虚线台阶模型的第二级台阶的位置。像这样通过两个台阶模型逐级交替对指数进行预测，可以更加清晰地把握指数在单边走势下的变化。

将2325.05点代入下跌二级台阶公式可求得指数下跌的下一个目标位为2325.05÷1.1608=2002.97点。

图5.1.C中可以看到，这又是一次精准的预测，指数在从2176.80点开始下跌之后又经过一次较大幅度的反弹走势，最终下跌到1999.48点出现波段低点，与预测点位仅相差3.49个点。

之后指数的走势形成了一个倒U形，2012年10月22日出现波段高点2138.03点，倒U形走势结束之后，出现了整个案例中指数的最低点位——1949.46点，这个点也是著名的"建国底"。

对这个点位的预测，可以采用两种方法，第一种就是将波段高点2138.03点代入下跌一级台阶公式可求得最低点目标位为2138.03÷1.0804=1978.92点。预测结果与实际值之间存在近30个点的误差，并不是十分精确，我们来看另一种方法的预测结果。

第二种方法就是继续前文中的交替预测，上一个预测出的目标位是2002.97点。图中可以看到，这个点位是出现在以2453.73点为起点的蓝紫色台阶模型第二、三级台阶之间的位置上。那么指数继续下跌的预测点位应该是蓝紫色台阶模型的第三级台阶目标位，即2453.73÷1.0804÷1.1608=1956.52点。

这个预测结果就比较精确了，与指数的实际最低点1949.46仅相差7.06个点。

当指数出现"建国底"1949点之后结束下跌走势启涨，对上涨走势的预测同样可以根据台阶模型进行逐级台阶的追踪确认。

因为这一波上涨势头强劲，走势中的波动很少，所以这一波走势我们只用一个台阶模型就可以把握。

将1949.46点分别代入上涨各级台阶公式可求得预测目标位，分别为：

第一级台阶目标位：$1949.46 \times 1.0804 = 2106.20$点

第二级台阶目标位：$1949.46 \times 1.1608 = 2262.93$点

第三级台阶目标位：$1949.46 \times 1.1608 \times 1.0804 = 2444.87$点

2012年12月14日指数以长阳线突破第一台阶目标位，最终收盘于2150.63点，属于有效突破。指数突破之后继续上涨，2012年最后一个交易日指数接近第二台阶目标位，最高点2269.51点。下一个交易日高开低走，日内宽幅震荡之后收盘于2276.99点，这个位置同样接近第二级台阶目标位。

图5.1.C中可以看到，在之后的一段时间内指数的走势在目标位附近上下震荡。前文中得出结论，通过台阶模型求得的目标位除了对指数的高低点有预测意义之外，还可能会对指数近期的走势产生影响，这种影响可能会体现为对指数的约束作用。体现在走势上，就是指数在台阶的预测点位附近上下震荡，并且这种震荡的幅度一般会随着时间的推移而加大。

这里的走势就符合结论中的一般情况，图中用黑色虚线标识了走势震荡幅度逐渐加大的情况。

第二台阶的目标位对指数的影响是比较大的，指数结束在这个位置附近震荡的走势之后又分别在2013年1月17日的2275.88点和2013年1月24日的2287.30点两次受到支撑，最终继续上涨走势。

前文中我们计算出了指数从 1949.46 点开始上涨的第三级台阶目标位是 2444.87 点。在实际的走势中，指数经过连续 12 个交易日的上涨之后到达了本次上涨最高点 2444.80 点，实际值与预测结果之间几乎分毫不差！

2013 年的上证指数走势台阶预测案例如下：

图 5.1.D　2013 年上证指数日线走势台阶预测图

如图 5.1.D 是上证指数从 2013 年 1 月 22 日到 2013 年 12 月 31 日之间的日 K 线走势图，这张图上几乎包含了 2013 年全年的走势，与前三个案例相同的是其中的大多数走势都可以用一个个台阶模型标识出来。

在上一个案例中我们用台阶模型精确地预测到了指数的高点 2444.80 点，误差小于十分之一个点位。高点出现之后，指数开始震荡下跌的走势，我们可以用台阶模型对指数进行逐级台阶的追踪确认。

将高点 2444.80 和台阶模数 0.0804 代入下跌一级台阶公式可得 2444.80÷1.0804=2262.87，即下跌一级台阶目标位是 2262.87 点，这个目标位十分重要，因为它对指数的运行造成了三重影响。

第一重影响是对指数反弹点位的精确预测，在实际的走势中，指数经过 11 个交易日的震荡下跌之后于 2013 年 3 月 4 日在接近目标位的位置出现反弹，实际反弹点位为 2259.25 点，与预测点位 2262.87 点之间相差 3.62 个点。

第二重影响是对指数的运行起到了约束作用，经过三个交易日的运行，指数的这一波反弹走势出现了高点 2352.02 点。高点之后指数延续之前的下跌走势，2013 年 3 月 13 日指数再次接近目标位后开始在目标位附近呈现横盘震荡走势，并且随着时间的推移震荡的幅度逐渐增大，在图中呈现出一个类似扩散三角形的走势（图中黑色虚线标识）。随着震荡幅度的逐渐增大，指数的走势形成一波振幅达 5.06% 的反弹，反弹的高点出现在 2344.89 点。我们可以通过这个高点对指数后市的点位做出预测。

第三重影响是对指数的运行起到了压力作用，在后期的走势中，指数分别于 2013 年 4 月 2 日的 2253.42 点、2013 年 4 月 19 日的 2250.11 点和 2013 年 5 月 8 日的 2255.21 点（图中黄色箭头标识）三次接近目标位 2262.87 点受压回落，这一个目标位分别对指数的运行点位和近期走势造成了相当的影响，足见其重要性。这也是台阶模型的魅力所在，如果读者能够熟练掌握台阶模型的各种性质并将之应用于股市，那么对股市的预测和判断将不再是难题。

前文中提到，我们可以用反弹的高点 2344.89 点对指数后市的点位做出预测，高点之后指数下跌，我们可以将高点代入下跌一级台阶公式，求得指数运行的波段低点的目标位为 $2344.89 \div 1.0804 = 2170.39$ 点。

在随后的走势中指数分别在 2013 年 4 月 16 日的 2165.78 点和 2013 年 5 月 2 日的 2161.14 点两次触及目标位，刚好和上一个造成三重影响的目标位 2262.87 点共同使指数的走势形成了一个箱体震荡走势。

最终指数在 2013 年 5 月 2 日出现波段低点 2161.14 点开始上涨，我们同样可以根据这一点位求出指数运行的波段高点，将这一点位带入上涨一级台阶公式可求得波段高点的目标位为 $2161.14 \times 1.0804 = 2334.90$ 点。

股市获利阶梯

20个交易日后指数果然在这一点位出现波段高点，实际值为2334.34点，与预测点位仅相差0.56点。

2334.34点出现之后，指数开始快速下跌，在18个交易日里下跌三百七十余个点，最大跌幅超过26%。

对于此次下跌走势我们同样可以用台阶模型做出预测，将下跌起点2334.34代入下跌各级台阶公式进行逐级追踪预测。首先将2334.34点代入下跌一级台阶公式可求得第一级台阶下跌目标位为2334.34÷1.0804=2160.63点。

指数下跌九个交易日之后，于2013年6月13日以长阴线最低点2126.22点跌破这一目标位，在之后的三个交易日中走势一直在这一目标位附近小幅震荡（图中蓝色虚线框A），直到2013年6月19日指数收出长下影线，次日开始加速下跌。在这种下跌势头强劲的走势中，除了台阶的目标位所约束的这三个交易日之外，下跌期间的18个交易日，指数几乎每个交易日均下跌，走势不是呈现假阳线就是大阴线，连十字星都很少，可见台阶目标位对指数的约束作用是很强的。

当确认指数继续下跌，就可以将2334.34代入下跌二级台阶公式中求得第二级台阶下跌目标位，根据公式2334.34÷1.1608=2010.98点。

在实际的走势中，指数于2013年6月24日以一根大阴线跌破目标位，创出了本次下跌以来单日最大跌幅。图中可以看到，2010.98点这一目标位在指数触底启涨之后对指数产生了压力作用。指数在2013年7月4日、5日连续两个交易日（图中蓝色箭头标识）上影线突破目标位，最终指数收盘于目标位之下接近目标位的位置（指数4日收盘于2006.10点，5日收盘于2007.20点，逐渐接近目标位2010.98点）。并且指数于7月5日之后下个交易日跳空低开出现回调走势，充分体现出这一目标位的压力作用。

当2013年6月24日指数以一根大阴线跌破目标位之后，我们可以使用台阶模型继续追踪下跌的走势，将高点2334.34代入下跌三级台阶公式中求得指数低点的目标位，根据公式 2334.34÷1.1608÷1.0804=1861.32，则指数的预测低点为 1861.32 点。

而指数的实际低点出现在 1849.65 点，与预测结果相差 11.67 个点。通过另一种方法我们可以得到更精确的预测结果。

将最初的高点 2444.80 代入各级下跌台阶公式对走势进行追踪，各级台阶目标位为：

第一级台阶目标位：2444.80÷1.0804=2262.87 点

第二级台阶目标位：2444.80÷1.1608=2106.13 点

第三级台阶目标位：2444.80÷1.0804÷1.1608=1949.40 点

第四级台阶目标位：2444.80÷1.3216=1849.88 点

第一级台阶的目标位前文中已经进行过分析了，这里不再赘述。

第二级台阶的目标位看似毫无作用，但实际上如果仔细观察图 5.1.D，就会发现这个点位与后市中以 2013 年 7 月 9 日的 1946.37 点为起点的上涨一级台阶目标位和以 2013 年 9 月 12 日的 2270.27 点为起点的下跌一级台阶目标位几乎分毫不差，三者几乎连成了一条直线。而在后面的走势中指数多次在这三个台阶目标位叠加的位置出现变化，具体的情况在讲到另外两个台阶时会进行详细讲述。

第三级台阶目标位对走势起到约束作用，同样的情况前文中已经描述过不少了，并且此处的情况并不是很典型，所以略过不表。

第四级台阶的目标位又是一次对指数转折的精准预测，目标位 1849.88 点，与指数的实际点位 1849.65 之间几乎分毫不差。

> 嘿，看这里！
>
> 感兴趣的读者可以在图 5.1.D 中向右延长第三级台阶平台，就可以清楚地看到这个目标位对走势的约束作用，以及走势震荡形成的"扩散三角形"了。

案例中指数从低点 1849.65 点启涨后的走势先是震荡上涨随后震荡横盘，首先来测算震荡上涨走势，将低点 1849.65 和大盘模数 0.0804 带入上涨一级台阶公式可求得上涨目标位为 1849.65 × 1.0804=1998.36 点。

在实际的走势中，指数的回调高点并未出现在预测的目标位，而是出现在 2013 年 7 月 4 日的 2022.14 点。图中可以看到，目标位对指数的运行起到了约束作用，指数在这一点位附近上下震荡，并且随着时间的推移震荡的幅度逐渐增大，形成了一个逐渐扩散的三角形走势（图中未虚化部分左侧黑色虚线标识）。

有趣的是，在这个案例中指数结束这种逐渐扩散的三角形走势之前的最后一波震荡的幅度刚好接近一级台阶的高度。我们将低点 1946.37 代入上涨一级台阶公式可得 1946.37 × 1.0804=2102.86，而指数实际的波段高点出现在 2013 年 7 月 11 日的 2092.87 点。也就是说，指数扩散三角形走势中最后一波震荡的幅度和一级台阶的高度相差 9.99 个点。

同时，这一目标位也是前文中提到的和以 2444.80 点为起点的下跌二级台阶公式目标位 2106.13 十分接近的两个台阶目标位之一。这个目标位对后市走势的影响同样是起到了约束作用，但是这种约束属于相对罕见的情况，因为指数并未在此处出现逐渐扩散的三角形走势，而是在 8 月 27 日到 9 月 2 日之间形成了一个震荡箱体，图中蓝色虚线框 B 标识。因为这一目标位是三个台阶的目标位重合而成，所以在距离这一目标位形成的走势比较远的地方的走势也会受到影响。

指数出现波段高点 2092.87 之后开始深幅回调，并于 2013 年 7 月 30 日出现回调低点 1965.36 点，随后为指数继续高低点分别逐渐抬高的上涨走势。对于这一段走势的预测，我们便可以用两个不同的上涨台阶模型交替预测的方法。一个上涨台阶模型以 1946.37 点为起点，另一个上涨台阶模型以 1965.36 点为起点（图中分别以蓝紫色台阶和黑色虚线台阶表示）。

前文中已经计算出了以 1946.37 点为起点的上涨一级台阶目标位，并未对指数的转折点位产生预测效果。

那么我们通过计算以 1965.36 点为起点的上涨以及台阶模型目标位，来对指数的回调点位进行预测，将数据代入公式，可求得目标位为 1965.36×1.0804=2123.37 点。在实际的走势中 2013 年 8 月 14 日指数运行到距离预测目标位 0.4 个点位的 2122.97 点开始下跌。虽然在随后的 8 月 16 日指数的上影线远高于 2122.97 点，但此时指数已经持续了三个交易日的下跌走势，并且 16 日之后指数仍在下跌。也就是说，16 日是处在本次回调的过程中，虽然这天的上影线很长，但笔者认为以 14 日作为这一波调整的回调起始点是比较合适的。

并且 2123.37 点这个目标位在 9 月 4 日和 5 日这两个交易日对指数的运行产生了短暂的约束作用（图中黑色虚线标识），这个位置正好在蓝色虚线框 B 之上，交替的两个台阶模型目标位都对指数产生了约束作用。这样指数在这一波上涨中仅有的两次横盘，我们都可以根据台阶模型把握到了，这也是交替预测法的优势之一。

2013 年 8 月 23 日指数结束回调走势继续上涨，并且分别在 9 月 3 日和 6 日有效突破了两个台阶模型的第一级台阶目标位。我们分别将 1946.37 点和 1965.36 点带入上涨二级台阶公式可求得目标位分别为：

1946.37×1.1608=2259.35 点

1965.36×1.1608=2281.39 点

在实际的走势中此次上涨指数的波段高点为 2270.27 点，恰好接近两个预测结果的中间位置，与 2259.35 点相差 10.92 个点，与 2281.39 点相差 11.12 个点。两个预测结果一个比实际值稍高，一个比实际值稍低，而且两个点位与实际值之间的距离几乎是一样的，这不能不说是一次神奇的巧合。

在随后的走势中，指数处于下跌波段，将高点 2270.27 代入下跌一级台阶公式之后就得到了指数反弹的目标位 2270.27÷1.0804=2101.32 点。

这也是和以 2444.80 点为起点的下跌二级台阶公式目标位 2106.13 十分接近的两个台阶目标位中的另一个。

这三个目标位分别为 2106.13 点、2102.86 点和最后出现的 2101.32

点，三个目标位之间相差均不超过 5 个点位，几乎可以看作是一个目标位，在图 5.1.D 中也可以看出，这三个目标位几乎连成一条直线。

在随后的走势中，指数在与目标位 2101.32 接近的 2093.20 点出现小幅反弹，反弹结束后指数在目标位附近受到约束并出现逐渐扩散的三角形走势（图中黑色虚线标识）。结束扩散三角形走势二十余个交易日后，指数再一次运行到这一目标位附近受到约束出现震荡走势（图中蓝色虚线框 C 标识）。

在两次受到目标位影响之间的这段走势中，指数经过了一轮涨跌，幅度刚好接近一级台阶的高度，我们可以用低点 2078.99 点对高点 2260.87 点进行预测，将低点代入上涨一级台阶公式可求得目标位为 2078.99×1.0804=2246.14 点。这一点位与高点实际值之间相差 14.71 个点位。

在图 5.1.D 中可以看到，随后的走势中这一目标位在 12 月 6 日到 10 日三个交易日内三次对指数形成压力。

一般情况下，台阶模型对上证指数点位预测误差较大的时候，会对指数的运行有较强的影响。

2014 年的上证指数走势台阶预测案例如下：

图 5.1.E 2014 年上证指数日线走势台阶预测图

如图 5.1.E 是上证指数从 2013 年 12 月 27 日到 2015 年 2 月 6 日之间的日 K 线走势图，包含 2014 年全年的走势图，在这个案例中笔者只标注出了五个涉及重要点位的预测或者很典型的台阶模型，实际上这段走势中的台阶还有很多没有标注出来，这些台阶如果在图中全部标注出来搞不好会让这张图变成"京剧脸谱"，那样就失去分析的意义了。

下面笔者会对案例中典型的几个台阶模型进行一一分析。

第一个台阶模型（图中粉色虚线标识）是一个上涨台阶模型，实际上在走势中这一段指数还在横盘。在这种横盘走势中很容易出现类似本案例中第一个台阶模型和第二个台阶模型（图中褐色虚线标识）这样的情况。即连续出现的上涨和下跌一级台阶模型中，以上涨台阶的高点为下跌台阶的起点或者以下跌台阶的低点为上涨台阶的起点。

以指数波段低点 1984.82 点为第一个台阶模型的起点，可求得第一级台阶目标位为：1984.82×1.0804=2144.40 点。

而在指数的实际走势中指数的波段高点出现在 2177.98 点，这个目标位更多的是对指数的运行起到压力的作用。虽然指数的上影线与目标位之间有一些距离，但实际上波段高点 2014 年 2 月 20 日指数的收盘点位在 2138.78 点，十分接近预测的目标位。

当指数出现高点之后开始下跌，所以第二个台阶模型（图中红褐色虚线标识）是一个下跌台阶模型，将高点 2177.98 点代入下跌一级台阶公式可求得第一级台阶目标位为：2177.98÷1.0804=2015.90 点。

图 5.1.E 中可以看到，这个目标位对指数的影响是深远的，这就属于很典型的台阶模型，因为这个台阶模型中几乎体现了目标位对指数走势的所有影响方式。

首先是预测意义，指数的实际低点出现在 2014.38 点，与预测结果 2015.90 仅相差 1.52 个点。

精准的预测之后指数又在这一目标位附近两次受到约束（在图中虚线框 A 和虚线框 B 处标识），虚线框 B 之后又在目标位附近出现了

振幅逐渐加大的扩散三角形走势（图中蓝色虚线标识），并且指数于2014年6月5日（图中深蓝色箭头标识）和6月20日（图中粉色箭头标识）两次在目标位受到支撑。

第三个台阶模型（图中蓝紫色线标识）是一个以图中最低点1974.38点为起点的上涨六级台阶模型，是本案例中级数最高的一个台阶模型，将低点1974.38分别代入上涨一至三级台阶公式可求得目标位分别为：

第一级台阶目标位：1974.38×1.0804=2133.12点

第二级台阶目标位：1974.38×1.1608=2291.86点

第三级台阶目标位：1974.38×1.0804×1.1608=2476.13点

第一级台阶与第一个台阶模型中的情况类似，对指数的影响更多是体现在压力作用。在实际的走势中，指数的高点2146.67点出现在2014年4月10日，超出目标位。但是这个交易日收盘于目标位附近的2134.30点，之后指数开始回调走势。

与第一个台阶模型中的情况相比，这一目标位对点数的预测更加精确一些，预测目标位2133.12点与指数的实际波段高点2146.67点之间相差13.55个点。

有趣的是，在这个台阶模型中，第一级台阶对指数起压力作用，而第二级台阶目标位对指数的影响则体现在支撑作用，指数分别于2014年9月22日（图中蓝色空心箭头标识）和2014年10月27日（图中蓝色箭头标识）受到支撑。

第三级台阶目标位对指数的约束作用形成了图中虚线框C处标识的走势。

实际上在实战中我们可以使用第三个台阶模型和第四个台阶模型（图中黑色虚线标识）对指数的上涨走势进行交替预测,然而遗憾的是,这两个台阶模型对于指数的影响似乎更多地体现在支撑、压力或者约束上, 对点位的预测并非很精确, 所以这个案例中没有将两者作为交替预测的台阶模型来讲解, 而是分别进行讲解。

第四个台阶模型（图中黑色虚线标识）同样是一个上涨台阶模型,

起点是 1991.06，实际上这个起点我们可以用前期波段高点 2146.67 点进行预测，当然这属于另一个台阶模型的范围了，有兴趣的读者可以计算一下，这种情况下预测值与实际值之间应该会十分接近。

第四个台阶模型我们只计算到三级台阶目标位，因为后三级台阶的目标位对指数的影响既不强烈也不典型，所以不一一列举以免浪费篇幅。将低点代入上涨各级台阶公式可求得目标位为：

第一级台阶目标位：1991.06×1.0804=2151.14 点

第二级台阶目标位：1991.06×1.1608=2311.22 点

第三级台阶目标位：1991.06×1.0804×1.1608=2497.04 点

2014 年 7 月 28 日指数以中阳线突破第一级台阶目标位，因为涨势强烈所以第一级台阶目标位既未起到约束作用也未起到支撑作用。

延长第二级台阶目标位（如图中深蓝色虚线），可以看到目标位对指数起到约束作用，并且随着时间的推移，指数在目标位附近的震荡幅度逐渐加大，形成了一个类似扩散三角形的走势。

第三级台阶的目标位是 2497.04 点，在实际的走势中，指数在距离目标位 11.58 个点位的 2508.62 点出现波段高点。

第三个台阶模型（图中蓝紫色线标识）的后三级台阶目标位如下：

第四级台阶目标位：1974.38×1.3216=2609.34 点

第五级台阶目标位：1974.38×1.3216×1.0804=2819.13 点

第六级台阶目标位：1974.38×1.1608×1.3216=3026.63 点

这三个台阶的目标位中对指数影响最大的就是第六级台阶目标位，2014 年 12 月 9 日（图中黄色箭头标识）指数出现波段高点 3091.32 点，出现高点之后受到目标位的压力最终收盘于目标位之下。

在之后的走势中，指数受到这一目标位的约束作用，形成一个逐渐扩散的三角形走势（图中黑色虚线标识）。

第五个台阶模型（图中深蓝色虚线标识）是一个以 2934.91 点为起点的上涨台阶模型。将起点代入上涨一级和二级台阶公式可求得目标位为：

第一级台阶目标位：2934.91×1.0804=3170.87 点

第二级台阶目标位：2934.91×1.1608=3406.84 点

延长第一级台阶的平台，可以看到，在实际的走势中，指数在第一级台阶目标位处多次受到约束。在随后的走势中指数恰好在我们预测的点位 3406 点出现高点，实际点位与预测点位之间仅有 0.05 点的误差。

案例的最后给各位读者留一枚"彩蛋"。

实际上在 2014 年的走势中出现了上一个案例中出现过的多个台阶目标位十分接近、几乎重合的现象，并且这个位置对指数的运行造成了不小的影响，但是这些台阶笔者在图中没有标注出来，有兴趣的读者可以尝试将它们找出来。

> 嘿，看这里！
>
> 对于这一枚"彩蛋"的详细解答，感兴趣的读者可以扫描本书后记中的二维码，加入模型理论公众号。

下面一个案例笔者不会进行完全的讲述，而是会以习题的方式来考察各位读者对本章内容的掌握程度。

下图是 2015 年上证指数的日 K 线走势台阶案例：

图 5.1.F　2015 年上证指数大盘日线走势台阶预测图

图 5.1.F 是上证指数从 2015 年 4 月 24 日至 2016 年 4 月 22 日的日K 线走势图，其中几乎包含了 2015 年全年的走势。笔者将其中比较重要的台阶模型标记出来（需要注意的是，仍有未标记出的模型），经过计算，2015 年大盘的模数仍是 0.0804。

这个案例非常典型，本案例中台阶模型更多地倾向于对重要点位的预测，但支撑、压力和两种约束情况都在本案例中出现，非常适合用来熟悉和掌握台阶模型的实战应用。所以本案例中的计算就交给各位读者，大家可以尝试运用各级台阶公式计算出模型的点位，从而对指数的高低点进行预测，也可以找出图中每一个台阶对指数的影响，对台阶模型掌握熟悉的读者可以尝试找出图中未标出的台阶模型。

如果各位读者有兴趣了解本案例的详细解答，可以扫描本书后记中的二维码，加入模型理论公众号。

第二节　关于台阶模型的问题

一加一等于几？

古往今来，这个问题产生了无数的答案：哥德巴赫猜它等于 2；电脑会告诉你它等于 10（因为计算机广泛采取的数制是二进制）；如果你去问赵本山或者范伟这个问题就更复杂了。

各有各的结果，各有各的理由。

就像西方谚语中说的："有一千个读者就会有一千个哈姆雷特。"对于同样的一本书、一段话或者一个问题，每个人都有自己不同的理解，这也是为什么大多数人在阅读时会遇到困难，也许在你看来很简单就可以理解的知识，却是别人百思不得其解的。

本节中把研究台阶模型时可能产生的比较有代表性的几个问题列举

出来，希望能够对大家理解台阶模型有所帮助。

由前期高低点统计出的模数一般不是整数，在实际使用时模数应该精确到小数点后多少位？

视个股而定，一般来说，台阶模数精确到小数点后四位是最合适的，精确度更高会增大运算量并且对于提高预测精确度没有太大帮助，而精确的位数过少则会影响预测的准确度。但是需要注意的是，在模数已知的情况下，可以将公式简化（具体的内容在上一章中有详细描述），简化后公式中的数值应全部保留（模糊预测公式除外）。

台阶模型对近年来大盘上重要转折点位的预测往往非常精准，误差甚至能够小于一个点位，这种情况是偶然现象么？

重要点位的产生往往是多空博弈的结果或者市场规律的体现，受到偶然因素的影响会比较小，所以台阶模型对重要的点位的预测会更加精确。

台阶模型在实战中有一种用低点预测低点或者高点预测高点的计算方法，这种方法如何使用？

首先，是单边走势，至少需要建立二级以上台阶模型才能使用这个方法。

第二，要存在下跌行情中的大幅反弹或者上涨行情中的大幅回调，一般要求回调或者反弹的幅度接近一个台阶的高度。

第三，作为预测起始点的点位一般是用前期高点或低点把握不到的或者误差偏大的。（如前文案例中，第一章图 1.2.C 中预测 2016 年 1 月 27 日重要低点 2638.30 点时选取的起始点 2850.71，属于用前期高点把握不到的点位；本章图 5.1.A 中 2010 年大盘走势中用波段低点 2890.02 点预测最低点 2319.74 点，就属于用前期高点预测这个点位时误差偏大的情况。）

其优势是什么？

因为在一般情况下台阶模型中选取的起始点距离预测点位越远，高低点之间的走势波动越剧烈，将会使预测的精确程度越低。所以有时单边走势中高点预测低点或低点预测高点会存在较大误差，而用此种方法可以在很大程度上缩小这种误差。

但需要注意的是，"台阶模型中选取的起始点距离预测点位越远，高低点之间的走势波动越剧烈，预测的精确程度越低"这条性质只是在一般情况下成立，并非绝对成立。

在使用时又有哪些需要注意的点？

必须要注意的就是起始点的选取。

比如在单边下跌走势中，有时用高点预测低点会比较准，有时选取重要低点预测其他低点会比较准，并不一定是说低点预测低点就一定会比高点预测低点准确。

在合适的情况下选取合适的方法，所谓"运用之妙，存乎一心"就是这个道理。如果你熟悉了某一只股票的股性，一眼就可以看出来哪些走势适合使用这种方法。

比如说在大盘上，一般情况下低点预测低点的准确率会比高点预测高点的准确率高一些，所以在大盘上预测指数的点位时更多的会出现低点预测低点的情况，而出现高点预测高点的情况就相对少一些。

实际上不只是这种方法，在台阶模型的使用中，起始点的选取都是

非常重要的，选择不同的起始点将会影响预测的准确性，这也是台阶模型在实战中的一大难点所在。

一般来说，台阶模型起始点的选取原则是：

1. 单边走势的起始点；
2. 重要的反弹或回调的起始点；
3. 受前期台阶影响比较大的点位。

如果你不知道选取哪个点位是最合适的，还有一个笨办法，就是把每一个你认为重要的点位都代入公式进行预测，把得到的结果作为各级目标位对走势进行把握。

最后一个问题，用台阶公式的计算结果对于小数点后超出取值范围的部分是采取"去尾法""进一法"还是"四舍五入法"？

如果模数准确的话，这三种方法选取哪一种都影响不大，可以视个人喜好而定，如果熟悉某只股票的股性，就会知道哪种方法更适合某一只股票。一般来说，我习惯采用四舍五入法。

第三节　台阶预测模型疑难精解

通过前文的讲述，很多读者已经能够将台阶模型应用于2015年的走势之中，然而这样就算是完全掌握了台阶模型么？

恐怕不然。

台阶模型看似简单，内在却很复杂，初步的使用很容易，只要记住公式就行，但想要掌握更高级、更精确的使用方法，却并非想象中那么简单，这也是很多人在使用台阶模型时总会出现这样或那样疑问的原因。相信在前面的学习中很多读者对此深有体会，在上一节中对研究台阶模型时可能出现的一些有代表性的问题进行了解答，但有些相对复杂的问题是不能仅仅通过简单叙述解决的，必须要结合案例进行详细的论述。

在本节中笔者会从台阶模型的实战使用角度，就其中的一些比较常见的复杂的问题进行解答。

个股台阶模型预测

这恐怕是大多数读者都关注的问题了，台阶模型在大盘的预测上那么精确，在我们自己关注的个股上是否能够同样精确？

下面是台阶模型在个股上的案例：

图 5.3.A 嘉欣丝绸台阶模型预测图

如图 5.3.A 是 002404——嘉欣丝绸从 2016 年 1 月 11 日到 2016 年 4 月 14 日的日 K 线走势图，图中我们可以看到一个上涨一级台阶模型和一个下跌一级台阶模型。

经过统计和计算，我们可以求得这只股票近年的模数为 0.2217。那么我们可以根据台阶模型对股价的点位进行预测，图中左侧股价的波段低点为 6.18 元，我们将这个点位和模数代入上涨一级台阶公式 $g×$（模数＋1），可求得上涨一级台阶目标位为 6.18×1.2217=7.55 元。

在实际走势中，股价上涨的高点出现在 2016 年 2 月 18 日的 7.60 元，与我们预测的目标位 7.55 元之间仅相差 0.05 元，十分的精确。并且这一目标位在股价之后的走势中多次对股价形成压力作用，2016 年 2 月 22 日、23 日和 25 日三个交易日的最高价更是出现在 7.55 元，和我们预测的点位分毫不差。

当股价开始下跌，我们可以将高点 7.60 和模数 0.2217 代入下跌一级台阶公式 $g \div （模数 + 1）$ 可求得下跌一级台阶的目标位为 $7.60 \div 1.2217 = 6.22$ 元。

在实际的走势中，股价于 2016 年 2 月 29 日以最低价 6.02 元跌破目标位后受到支撑最终收盘于 6.24 元，恰在目标位附近。在之后的走势中股价多次受到这一目标位的支撑。

可以看到，台阶模型在个股上的应用与在大盘上的应用类似，并且具备着同样的准确性，台阶目标位也同样会对股价的运行产生影响。需要注意的是，在个股的预测中对于模数的计算必须要精确，一般来说，最好精确到小数点后四位，否则可能会影响到预测的精确性。

高级数台阶案例如下：

图 5.3.B　*ST 商城台阶模型预测图

如图 5.3.B 是 600306——*ST 商城从 2015 年 8 月 20 日到 2016 年 4 月 13 日的日 K 线走势图，图中我们可以看到一个下跌六级台阶模型。

经过统计和计算，我们可以求得这只股票近年的模数为 0.2134。那么我们可以根据台阶模型对股价的点位进行预测，图中股价经过连续的上涨之后，最高点出现在 2015 年 12 月 28 日的 34.34 元，之后股价开始下跌。

当确认股价开始下跌时，我们就可以根据台阶公式开始逐级台阶的追踪确认。

首先预测一级台阶的目标位，根据下跌一级台阶公式：

$$第一台阶 = g \div (模数 + 1)$$

代入高点 34.34 元和模数 0.2134 可以得到第一级台阶的下跌目标位为 34.34÷1.2134=28.30 元。从高点开始下跌后股价出现一根中阳线，小幅反弹之后开始加速下跌，中阴线下跌加上跳空低开的走势迅速跌破第一台阶目标位，此时需要计算第二级台阶目标位，根据下跌二级台阶公式：

$$第二台阶 = g \div (模数 \times 2 + 1)$$

代入高点 34.34 元和模数 0.2134 可求得第二台阶下跌的目标位为 34.34÷1.4268=24.06 元。图 5.3.B 中我们可以看到，股价在第一、二级台阶之间出现了两根小阳线反弹。

2016 年 1 月 7 日股价继续下跌，最终收盘于 23.87 元，比第二台阶目标位置低 0.19 元。次日股价开始加速下跌，确认跌破第二级台阶目标位，进而计算第三级台阶目标位，根据下跌三级台阶公式：

$$第三台阶 = g \div (模数 \times 2 + 1) \div (模数 + 1)$$

代入数据可得第三级台阶的目标位为 34.34÷1.4268÷1.2134=19.84 元。图 5.3.B 中我们可以看到，股价经过 2016 年 1 月 7 日、8 日和 11 日三连阴的大幅下跌之后，迅速跌破第三级台阶目标位。

此时就需要计算第四级台阶的目标位，根据下跌四级台阶公式：

第四台阶 ＝ $g \div$（模数 ×4 ＋ 1）

代入数据可得 34.34÷1.8536=18.53，第四级台阶的下跌目标位是 18.53 元。可以看到，在实际的走势中股价跌破第三级台阶目标位之后受到约束作用，开始在目标位附近震荡横盘（图中蓝色虚线框 A 标识），并且 2016 年 1 月 14 日（图中蓝色箭头①处）受到支撑，在距离第四级台阶目标位 0.17 元的位置开始上涨。

股价结束震荡之后于 2016 年 1 月 22 日确认跌破第四级台阶目标位，进而计算第五级台阶的目标位，根据下跌五级台阶公式：

第五台阶 ＝ $g \div$（模数 ×4 ＋ 1）÷（模数 ＋ 1）

代入数据可得第五级台阶目标位为 34.34÷1.8536÷1.2134=15.27 元。指数跌破第四级台阶之后依旧延续下跌走势，2016 年 2 月 1 日股价在与第五台阶目标位 15.27 元仅相差 0.44 元的位置开始大幅反弹。可以看到在下跌和反弹的走势中，股价分别于 2016 年 1 月 25 日、2 月 17 日和 24 日受到第四级台阶目标位的压力作用（图中黄色箭头①②③标识）。

2016 年 2 月 24 日股价受到压力之后结束震荡继续下跌，两个交易日后以一根中阴线跌破第五级台阶目标位。此后股价继续下跌就需要用到第六级台阶的计算公式：

第六台阶 ＝ $g \div$（模数 ×4 ＋ 1）÷（模数 ×2 ＋ 1）

代入数据可得 34.34÷1.8536÷1.4268=12.99 元。图 5.3.B 中可以看到，指数跌破第五级台阶目标位两个交易日后即 2016 年 3 月 1 日以大阳线开始反弹，反弹起点为 13.11 元，与预测低点仅相差 0.12 元。

股价结束反弹之后回落三个交易日出现起涨点 13.02 元，与预测的第六级台阶目标位 12.99 元仅相差 0.03 元，台阶模型预测在个股中同样精准。

台阶起点的选取

台阶起点的选取关乎台阶模型预测的准确性，也是大多数初学者普遍不明白的一个难点。在起点选取时，有些人喜欢选用重要的高低点，有些人则经常会选用重要高低点附近的波段高低点，还有些人是"跟着感觉走"。实际上除了最后一种方式之外，其余两种点位的选取策略都是可取的。

因为这些点位都是一眼可以看出的，但在实际的过程中我们经常会遇到走势复杂不知该如何选取台阶起点的情况。

我们以下跌走势为例，当股价出现下跌时，我们选取下跌台阶模型来预测股价的走势，随着股价的运行，会在较远处形成一个高点，在较近处形成一个次高点，如图 5.3.C 所示：

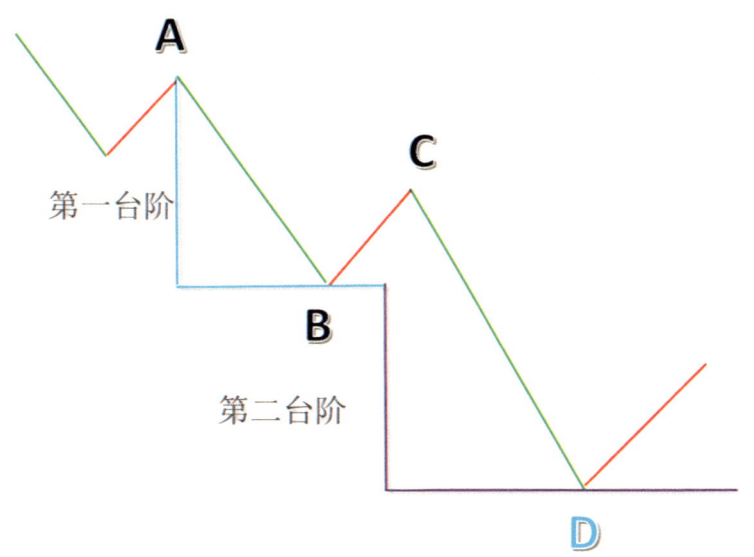

图 5.3.C　台阶模型起点选取示意图

远处的高点 A 可以用下跌二级台阶公式对未来低点 D 做出预测，

而近期的次高点 C 可用下跌一级台阶公式对未来低点 D 做出预测，但这两个结果往往是不同的。在前文中笔者更多的是将两个点位都计算出来，共同分析对股价的影响，但是这样做的计算量会比较大，耗费的时间和精力会比较多，那么选择哪一个点位作为台阶的起点准确性更高呢？

对于这种情况，我们需要分析一下下降趋势的结构。道氏理论对于下降趋势的定义是波峰与波谷都依次降低的走势，这个定义强调的是波峰与波峰、波谷与波谷的比较。我们还可以对其进一步细化，将波峰与波谷进行比较。在正常的下降趋势中，反弹的波峰应该是低于前一个波谷的。如果反弹的波峰高于前一个波谷，则是下降趋势有可能结束的标志。遇到这种情形，当股价再次跌破前一个波谷又恢复到正常的下降趋势时，在计算低点时就应以第二个波峰（图中高点 C）作为起点代入下跌一级台阶公式。反之，如果是反弹的波峰低于前一个波谷，之后股价再次跌破前一个波谷时，就应该以最高的波峰（图中 A 点）作为起点代入下跌二级台阶公式。

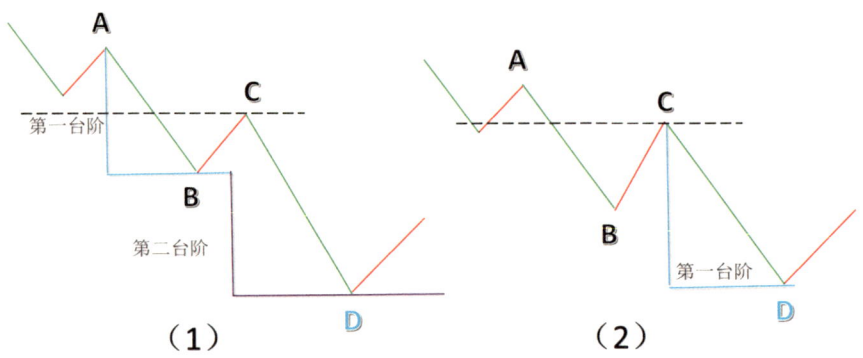

图 5.3.D　台阶模型起点选取示意图

如图 5.3.D 中（1）所示，C 处的反弹波峰低于前一个波谷 B，所以在计算时就应以 A 处高点为台阶模型起点。

如图 5.3.D 中（2）所示，C 处的反弹波峰高于前一个波谷 B，所以在计算时就应以 C 处高点为台阶模型起点，而不是以 A 处高点为起点。在股价的实际运行过程中，如果实在无法分辨该以哪个点开始计算，可以采取更为保险的方法，即计算出两种算法的结果，然后再观察市场到哪个位置出现有效支撑。

如何把握小于台阶高度的小波走势

台阶模型的原理就是股价的运行随着峰谷逐渐累值会呈现阶梯状，随着峰谷的累值，股价最终会运行到台阶的位置。但在累值的过程中，股价的运行却也会存在变化，这些变化就形成了很多小于台阶高度的小波走势，而这些小波走势一般是上涨过程中的回调或下跌过程中的反弹。

就好像上楼梯一样，你可以站在任何一级台阶上，但是很难站在两个台阶之间的高度上，对于这种小波走势的预测有两种方法。

第一种方法在前文中笔者已经进行过讲述，那就是通过两个不同的台阶模型进行交替预测，但是这种方法也有其局限性，必须要出现合适的走势才能使用，否则不同台阶模型之间的目标位过于接近就失去了交替预测的意义。

另外这种方法运算量巨大，即使使用交替预测也有些小波走势难以把握。

如果专门需要预测这种小波走势的话，笔者建议使用第二种方法——了解小波调整的秘密。

小 结

在本节的最后,笔者给大家留下一个问题:

在提到台阶模型选取的时候,笔者只给出了下跌台阶模型的选取示意图,有兴趣的读者回去之后可以参照这张图,尝试画出上涨台阶模型的选取示意图。

画好的读者,可以扫描本书后记中的二维码,加入模型理论公众号交流。

因为前面几章都属于概念性的知识,所以采用章末小结的形式,便于各位读者理解和记忆,而从本章开始涉及具体的模型和计算,所以从本章开始章末小结将变为习题。

第六章　小波调整秘密

　　传统的台阶模型对于回调走势的预测很困难,这里需要引入一个全新的补充模型来弥补这一缺陷。实际上这一模型秉承的理念与台阶模型一样,指数在回调和反弹时也是有迹可循的,而这正是本章中的内容——小波调整。

第一节 独立波——独立而不改

水波在常态下是均匀扩散的,当遇到阻力的时候,就会出现水波扩散减弱或者是消失,但是有一个波浪一直是持续不变的,这个波浪就是独立波。

作一个形象的比喻,有两艘船同时在驶入码头准备靠岸,每一艘船都会带起波浪,而在两艘船的中间位置,两艘船带起的波浪会合二为一,形成一个独立的波浪,这个波浪只要不受到撞击就会平稳地一直向前,这就是独立波。

《道德经》中有云:"独立不改,周行而不殆。"是形容"道"的独立长存和永不停息的性质。而独立波也有类似的特性,也是不受到外界的干扰而独立存在。生活中的独立波是一种物理现象,而在股市里有一种调整,也像独立波一样,很多股票都会有共同的调整幅度。

前文中笔者提到,台阶模型的原理就是股价的运行随着峰谷逐渐累值会呈现阶梯状,随着峰谷的累值,股价最终会运行到台阶的位置。但

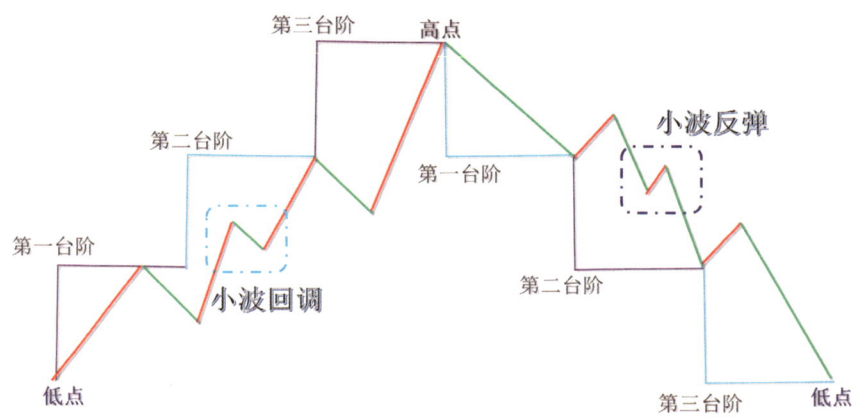

图 6.1.A　小波回调和反弹示意图

在累值的过程中，股价的运行却也会存在变化，就像本章中讲到的小波调整。

为把握小波调整的走势，我们可以建立一种专门的预测模型。股价在上涨中的回调实际上是多空双方之间的一种妥协，力量对比的变化会产生一个平衡点，而这个平衡点就是多方与空方的力量交汇处，它就像是独立波一样，由两种力量汇聚而成，独立不改。

而由这个平衡点可以衍生出一种专门针对小波的预测模型，笔者称之为小波预测模型。

小波预测模型和台阶模型都属于固定模型，并且都存在模数的概念。但是两者之间的模数是存在差异的，小波预测模型的模数存在独立不改的特性。

独立不改，正是形容独立波性质最恰当的一句话，因其独立性，所以小波预测的模数是固定的，无论大盘还是个股，都是同样的模数。并且因其不改性，所以小波预测模型的模数是不会发生钝化现象的。

小波预测模型可以作为台阶模型在实战中的补充，用以把握波动幅度小于台阶高度的回调走势，也可以独立使用，预测股价的小幅波动点位，更可以分析股价的变化，躲避暴跌的风险或抓住暴涨机会。

第二节　小波预测模型

小波预测模型主要用来预测上涨走势中的回调。

小波预测模型的计算是从最近的一个上分形的最高价除以回调模数而来。需要注意的是，小波预测模型分为三个级别，体现在模型的计算上就是存在三种级别的回调模数，如图 6.2.A：

股市获利阶梯

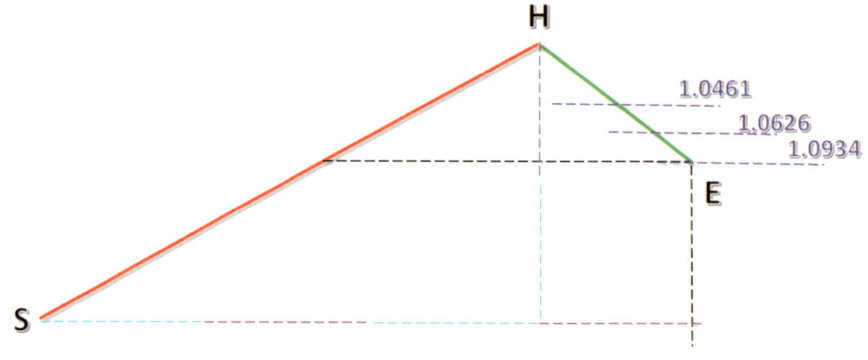

图 6.2.A 小波预测模型示意图

如图 6.2.A 是小波预测模型示意图，图中我们可以看到，三种级别的预测模数分别是 1.0461、1.0626 和 1.0934。其中 1.0461 是强势模数，用以预测上涨强势行情中股价的回调；1.0626 是正常模数，用以预测正常上涨行情中股价的回调；1.0934 是弱式模数，用以预测上涨弱势行情中股价的回调。

前文中笔者提到，小波预测模型的模数具有独立不改的特性，也就是说，这三个模数适用于所有股票并且不会发生钝化。

那么这三个模数是如何得出的呢？实际上这三个模数都源自一个神奇的数字——7。很多人以这个数字作为自己的幸运数字，认为它是崇高和神秘的，华尔街技术分析大师威廉·江恩便是其中之一。

他认为"7"可以代表完整或者完全（这种想法国人可能难以理解，因为江恩先生是一位虔诚的基督徒，基督教认为上帝用 7 天时间创造世界，所以江恩的理念中会以 7 来代表整体），并将这种想法融入他的理论之中，而他将这种理论应用于股市铸就了一代投资大师的获利传奇。

所以 7 这个数字在股市的预测中有其重要地位，如果我们把它连续开根号并且将结果保留到小数点后四位就会得到如下结果：

平方根统计结果							
平方根次数	1	2	3	4	5	6	7	…
结果	2.6457	1.6265	1.2753	1.1293	1.0626	1.0308	1.0153	…

图 6.2.B 平方根统计结果

通过图 6.2.B，我们可以知道小波预测模型的三个模数的由来。因为在模数中"1"代表股价本身，所以模数必然是一个大于 1 小于 2 的值。

而 1 后面的部分则需要根据图 6.2.B 中的数据求得。

强势模数 1.0461 是 7 的 6 次平方根小数点后的部分加 7 次平方根小数点后的部分加代表股价本身的"1"得到的；

正常模数 1.0626 是 7 的 5 次平方根；

弱势模数 1.0934 是 7 的 5 次平方根小数点后的部分加 6 次平方根小数点后的部分再加代表股价本身的"1"得到的。

如图 6.2.C 是小波预测模型使用条件示意图，股价从低点 S 开始上涨，到达高点 H 后开始回调，最终回调到 E 点。

小波预测模型的使用条件分为两方面，在空间上要求股价从高点 H 运行到回调低点 E 的回调幅度要小于股价从低点 S 上涨到高点 H 的涨幅的二分之一。具体到数据上，就是要求高点 H 的点位要大于低点 S 的点位乘以 1.1868。需要注意的是，此处必须要大于，等于是不可以的。

> 嘿，看这里！
>
> 对于这一枚"彩蛋"的详细解答，感兴趣的读者可以扫描本书后记中的二维码，加入模型理论公众号。

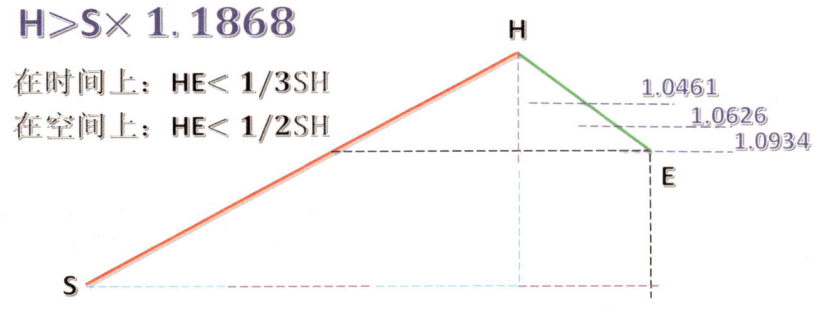

图 6.2.C　小波预测模型使用条件

第六章　小波调整秘密

只有股价的走势满足上述空间上的要求才可以使用小波预测模型进行点位的预测。除了点位的预测之外，小波预测模型还具有分析意义，能够通过 E 点的位置对股价未来的走势做出分析。

但是想要运用其分析意义，股价的走势必须满足时间上的要求。

小波预测模型在时间上要求股价从高点 H 运行到回调低点 E 所用的时间（此处的时间指的是场内时间，即 K 线数目）要短于股价从低点 S 运行到高点 H 所用的时间（场内时间）的三分之一。简而言之，就是股价从 S 点到 H 点之间的 K 线数目要大于 H 点到 E 点 K 线数目的三倍。

第三节　小波预测模型实战案例

只要确定了走势符合上一节中的要求，就可以使用小波预测模型的分析意义，对股价未来的走势进行预测和分析。

具体案例如下：

图 6.3.A　上证指数日线走势图

图 6.3.A 是上证指数从 2014 年 6 月 6 日到 2015 年 4 月 2 日的日线走势图。这个案例非常典型，在大盘这段时间的走势中，指数分别在强势目标位、正常目标位和弱势目标位各出现了一次回调。

2014 年 6 月 20 日指数出现波段低点 2010.53 点（图中黑色 S 标识），此后指数开始上涨。如果我们想要使用小波预测模型对回调走势进行预测的话，就需要确定这段走势符合模型的适用条件，即在空间上满足高点 H 大于 2010.53×1.1868=2385.88 点。

图中可以看到，随着指数的上涨，直到 2014 年 10 月 9 日（图中黑色 H 标记），指数最高点 2391.35，自低点之后首次大于 2385.88，并且指数在这一天出现波段高点。之后指数开始回调，那么此时我们就可以使用小波预测模型来把握指数的回调低点，将高点 2391.35 分别除以三个模数可以得到三个目标位分别为：

弱势目标位 $E_1=2391.35÷1.0934=2614.70$ 点

正常目标位 $E_2=2391.35÷1.0626=2250.47$ 点

强势目标位 $E_3=2391.35÷1.0461=2285.96$ 点

在实际的走势中，指数于 2014 年 10 月 27 日（图中黑色 E 标记）出现波段低点 2279.84 点，下影线跌破强势目标位后开始反弹，此后指数开始上升走势，投资者可据此把握到回调低点。

同时小波调整模型具有分析意义，首先确认走势符合时间要求，即上涨波段的 K 线数超过下跌波段 K 线数目的三倍。

低点 S（2014 年 6 月 20 日）到高点 H（2014 年 10 月 9 日）之间共有 74 个交易日；高点 H 到回调低点 E（2014 年 10 月 27 日）之间共有 13 个交易日，符合要求，则可使用小波调整模型的分析作用。

如果股价在上涨过程中，在小波预测模型的强势目标位出现回调，代表股价的上涨均衡，新一波的上涨理论上会在时间或空间上大于之前的上涨走势，投资者可据此把握持股之后的利润空间。

2014 年 11 月 20 日指数出现波段低点 2437.47 点（图中粉色 S 标识），

此后指数开始上涨。如果我们想要使用小波预测模型对回调走势进行预测的话，就需要确定这段走势符合模型的适用条件，即在空间上满足高点H大于2437.47×1.1868=2892.79点（由于S点相同，所以图中蓝色和粉色H都需要满足这一条件）。

随着指数的上涨，指数在2014年12月5日突破2892.79点，随后指数于2014年12月22日（图中粉色H标记）出现波段高点3189.87。之后指数开始回调，那么此时我们就可以使用小波预测模型来把握指数的回调低点，将高点3189.87分别除以三个模数可以得到三个目标位分别为：

弱势目标位 $E_1=3189.87 \div 1.0934=2917.39$ 点

正常目标位 $E_2=3189.87 \div 1.0626=3001.95$ 点

强势目标位 $E_3=3189.87 \div 1.0461=3049.30$ 点

在实际的走势中，指数于高点之后第二个交易日，即2014年12月24日出现波段低点2934.91点，最低点接近弱势目标位后开始反弹，可作为买入点，此后指数开始上升走势，投资者可据此把握到回调低点。

同时小波预测模型具有分析意义，首先确认走势符合时间要求，即上涨波段的K线数超过下跌波段K线数目的三倍。

低点S（2014年11月20日）到高点H（2014年12月22日）之间共有23个交易日；高点H到回调低点E（2014年12月24日）之间共有3个交易日，符合要求，则可使用小波预测模型的分析作用。

一般来说，弱势目标位是市场的极限回调值。如果是个股走势，股价在上涨过程中，回调到弱势目标位，往往预示着主力可能会采取一次性快速洗盘的方式，以达到股价拉升的目的。

如果投资者以此作为买点，将获得丰厚收益，但需要注意的是，股价的波动可能受到多方因素的影响，所以一旦股价跌破买入当天的最低价就应该果断止损。

第三个小波预测模型同样以2014年11月20日的2437.47点为低

点 S，2014 年 12 月 24 日指数结束回调走势之后立刻开始上涨。我们用小波预测模型对回调走势进行预测，因为低点没有变，而高点一直在上涨，所以可以确定这段走势符合模型的适用条件。

在实际的走势中，指数于 2015 年 2 月 5 日（图中蓝色 H 标记）出现波段高点 3251.21 点之后开始回调。此时使用小波预测模型来把握指数的回调低点，将高点 3251.21 分别除以三个模数可以得到三个目标位分别为：

弱势目标位 $E_1=3251.21 \div 1.0934=2973.49$ 点

正常目标位 $E_2=3251.21 \div 1.0626=3059.67$ 点

强势目标位 $E_3=3251.21 \div 1.0461=3107.93$ 点

和之前的走势相同的是，指数同样于高点之后第二个交易日出现波段低点，低点数值为 3049.11。最低点跌破正常目标位之后开始反弹，并且收于目标位之上，则此处可作为买入点。

图 6.3.A 中可以看到，在实际的走势中，次日指数开始上升，投资者可据此把握到回调低点。

同时小波预测模型具有分析意义，首先确认走势符合时间要求，即上涨波段的 K 线数超过下跌波段 K 线数目的三倍。

低点 S（2014 年 11 月 20 日）到高点 H（2015 年 2 月 5 日）之间共有 54 个交易日；高点 H 到回调低点 E（2015 年 2 月 9 日）之间共有 3 个交易日，符合要求，可使用小波预测模型进行分析。

一般来说，指数在正常目标位出现回调低点，预示市场回调幅度正常，指数回调是正常的休整，往往还会延续原来的走势。

投资者可据此把握指数的上涨空间。在个股走势中，投资者也可以以此作为买入点，但需要注意的是，买入之后一旦股价跌破买入当天的最低价就应该果断止损。

小波预测模型不仅适用于大盘，在个股中同样适用。

个股强势回调案例如：

图 6.3.B 深圳能源日线走势图

图 6.3.B 是 000027——深圳能源从 2015 年 9 月 10 日到 2015 年 10 月 16 日的日线走势图，这个案例非常典型，对于点位的预测非常精准。

2015 年 9 月 15 日股价从 8.33 元开始上涨，用 S 标记此处低点。2015 年 10 月 12 日股价出现高点 10.09 元，标记为高点 H，高点出现之后股价开始回调。

低点 8.33×1.1868=9.89 元，小于高点 H，符合小波预测模型在空间上的要求，可以使用小波预测模型来把握股价的回调低点。将高点 10.09 元分别除以三个模数可以得到弱势、正常和强势目标位分别如下：

E1=9.23 元；E2=9.50 元；E3=9.65 元。

图中我们可以看到，股价于 2015 年 10 月 15 日出现波段低点 9.65 元，与强势目标位分毫不差。此后股价开始反弹，投资者可据此把握到回调低点。

小波预测模型一方面可以用来把握回调低点的买入或加仓时机，另一方面还具有分析意义，可以用来把握股价在波段级别上的变化。

首先需要确认走势符合时间要求，即上涨波段的 K 线数超过下跌波段 K 线数目的三倍。

低点 S（2015 年 9 月 15 日）到高点 H（2015 年 10 月 12 日）之间共有 15 个交易日；高点 H 到回调低点 E（2015 年 10 月 15 日）之间共有 4 个交易日，符合使用小波预测模型进行分析的要求。

需要注意的是，此处计 K 线数目时需包含最低点和最高点处的那根 K 线。

在本案例中，股价在小波预测模型的强势目标位出现回调，这种走势预示股价的上涨均衡。新一波的上涨理论上会在时间或空间上大于之前的上涨走势，投资者可据此把握持股之后的利润空间。

在实际走势中，股价从 S 点（2015 年 9 月 15 日）到 H 点（2015 年 10 月 12 日）的涨幅是 15.17%，从 E 点（2015 年 10 月 15 日）到 2015 年 11 月 17 日的波段高点 11.08 元之间的涨幅是 21.15%。从 E 点开始的一波上涨无论从时间或是空间上都大于从 S 点到 H 点这一波上涨，与我们的分析结果相符。

个股正常回调案例如下：

图 6.3.C 益佰制药日线走势图

图 6.3.C 是 600594——益佰制药从 2015 年 3 月 25 日到 2015 年 5 月 26 日的日线走势图。股价在 2015 年 3 月的最后一个交易日出现波段

低点 S，最低点价格为 21.74 元。

S 点出现之后股价继续上涨，因为 21.74×1.1868=25.80 元，所以对于回调起始点低于 25.80 元的回调走势都不能用小波预测模型进行预测。

在实际的走势中，股价于 2015 年 4 月 27 日以中阳线突破 25.80 元，随后于 2015 年 4 月 30 日出现回调，高点为 27.22 元。但这一波回调属于强势回调，而本案例中主要研究正常回调走势，所以略过不表。

下一个回调的起始点出现在 2015 年 5 月 12 日的波段高点 29.89 元，那么我们将这个高点标记为 H 点，H 点之后股价开始震荡回调，确认形态符合小波预测模型的使用条件，此时我们就可以使用小波预测模型来把握股价的回调低点，将高点 29.89 元分别除以三个模数可以得到三个目标位分别为：

弱势目标位 E_1=27.34 元

正常目标位 E_2=28.13 元

强势目标位 E_3=28.57 元

在实际的走势中，股价回调了五个交易日后，于 2015 年 5 月 19 日出现波段低点 27.94 元。最低点跌破弱势目标位后开始反弹，并且大幅上涨，最终收盘于目标位之上。可判断此处为入场时机，若投资者在此买入可把握到这一波上涨走势。

根据小波预测模型在时间上的要求，回调高点 H（2015 年 5 月 12 日）到回调低点 E（2015 年 5 月 19 日）之间共有 6 个交易日，乘以三就是 18 个交易日，而低点 S（2015 年 3 月 31 日）到高点 H 之间共有 29 个交易日，大于 18 个交易日，符合 S 点到 H 点之间 K 线数量大于 H 点到 E 点 K 线数量三倍的要求，可使用小波预测模型进行分析。

前文中提到，一般来说股价在正常目标位出现回调低点，预示市场回调幅度正常，股价回调是正常的休整，往往还会延续原来的走势。

在此案例中，投资者也可以此目标位作为买入点，一般来说，股价回调到正常目标位出现波段低点，涨幅会接近上一波的涨幅，投资者可据此把握上涨空间。

并且买入之后可以以买入当天的最低价作为止损位，一旦股价跌破买入当天的最低价就应该果断止损。

个股弱势回调案例如下：

图 6.3.D　大冷股份日线走势图

图 6.3.D 是 000530——大冷股份从 2015 年 4 月 15 日到 2015 年 6 月 8 日的日线走势图。

2015 年 4 月 21 日股价出现波段低点 9.27 元，标记为 S 点。

当股价开始上涨时，如果我们想要使用小波预测模型对回调走势进行预测的话，就需要确定这段走势是否符合模型的适用条件，即在空间上满足高点 H 大于 9.27×1.1868=11.00 元。

随着股价的运行，股价在 2015 年 5 月 6 日出现波段高点 11.06 元，高于 11.00 元，标记为高点 H。随后股价开始回调，此时我们就可以使用小波预测模型来把握股价的回调低点，将高点 11.06 分别除以三个模数，可以得到三个目标位分别为：

弱势目标位 E1=11.06÷1.0934=10.12 元

正常目标位 E2=11.06÷1.0626=10.41 元

强势目标位 E3=11.06÷1.0461=10.57 元

在实际的走势中，股价在高点之后第二个交易日，即 2015 年 5 月 7 日出现波段低点 9.78 元，最低价跌破弱势目标位后开始反弹，最终收盘于目标位置上，可作为买入点，此后股价开始上升走势，投资者可据此把握到回调低点。

同时小波预测模型具有分析意义，首先确认走势符合时间要求，即上涨波段的 K 线数目超过下跌波段 K 线数目的三倍。

低点 S（2015 年 4 月 21 日）到高点 H（2015 年 5 月 6 日）之间共有 11 个交易日；高点 H 到回调低点 E（2015 年 5 月 7 日）之间共有 2 个交易日，符合要求，则可使用小波预测模型的分析作用。

前文中说过，弱势目标位是市场的极限回调值，如果股价在弱势目标位出现回调低点，往往预示着主力可能会采取一次性快速洗盘的方式，以达到股价拉升的目的。

图 6.3.D 中可以看到，在实际走势中，股价于 9.78 元开始拉升，随后出现高点 15.72 元，此后股价开始大幅下跌走势。

如果投资者以回调低点附近作为买点，可获得丰厚收益，但需要注意两点，第一是设置止损位，一旦股价跌破买入当天的最低价就应该果断止损。

第二是当股价于弱势目标位结束回调，可能预示着这是最后一波上涨，投资者在把握拉升带来的利润的同时，也需留意股价的转折风险。

小波预测模型的逆向应用

需要注意的是，小波预测模型只能用来预测回调，并不适用于下跌过程中的反弹走势，因为股价下跌时反弹的模数与上涨时回调的模数不一样，而且不像上涨回调的模数那样固定，并不适合建立模型。

虽然不能用来预测下跌走势，但却可以通过将小波预测模型逆向应用来规避股价暴跌的风险。

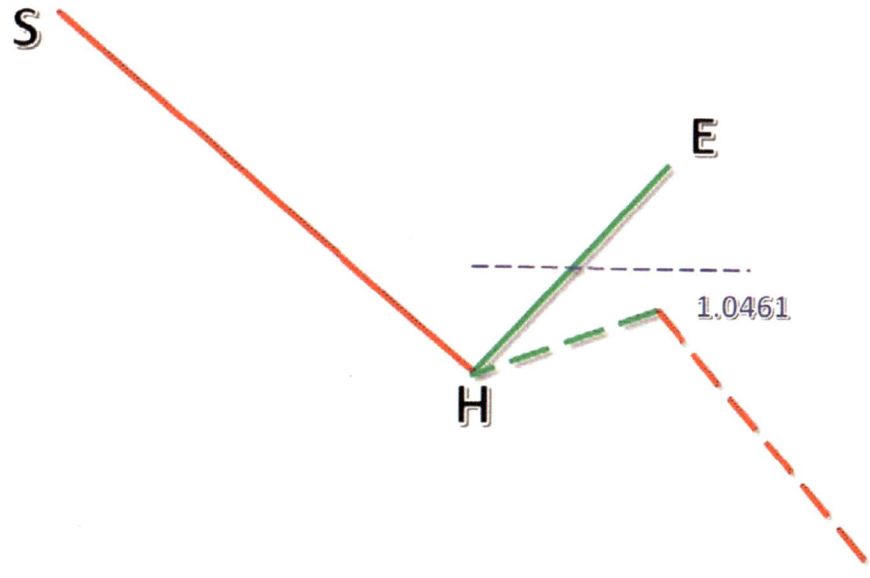

图 6.3.E　小波预测模型逆向应用示意图

如图 6.3.E 所示，在股价下跌时发生反弹，如果没有反弹到反弹起点（H）乘以 1.0461 的位置或更高的位置就继续下跌，往往预示着股价将会出现暴跌，在个股和大盘上都是如此。

具体案例如下：

图 6.3.F　广州友谊日线走势图

如图 6.3.F 是 000987——广州友谊从 2015 年 12 月 3 日到 2016 年 1 月 25 日的日 K 线走势图，图中股价的波段高点出现在 2015 年 12 月 23 日的 29.28 元，股价开始下跌之后于 2015 年 12 月 29 日出现反弹，反弹低点为 26.00 元。

反弹低点 26.00 乘以模数 1.0461 可求得目标位为 27.20 元。在实际的走势中，如果股价的反弹高点低于这个价位，那么股价将会有暴跌的风险。

图 6.3.F 中可以看到，股价的反弹高点出现在 2015 年 12 月 31 日的 27.10 元，恰好比预测目标位低 0.10 元，则此时应该警惕暴跌的风险。

在实际的走势中股价从 27.10 元开始下跌，在 10 个交易日间走出了一波跌幅达 31.51% 的走势。

这里笔者再次强调，小波预测模型的逆向应用只能用来预测暴跌，不能用来预测反弹走势的点位。

实际上台阶模型和本章中讲到的小波预测模型都属于固定模型，固定模型是按照固定的模数对市场做出模型的判断，在很长的周期内它不会随着市场的变动而改变，并且它确认的标准也很简单，最高价突破收盘价再跌破就是高点，最低价跌破收盘价站上就是低点。这些看似简单的模型在股市中发挥着神奇的作用，我们掌握了这些固定模型，就能对股市做出精确的研判，为我们的操作提供重要的依据。

小　结

本章留给大家的习题是一张走势图：

如图 6.3.G 是 000990——诚志股份从 2014 年 4 月 25 日到 2014 年 10 月 10 日的日 K 线走势图，图中最低点 S 出现在 2014 年 4 月 28 日的 9.59 元。

那么符合小波预测模型的高点至少高于 9.59×1.1868=11.38 元。

在图中的走势中，共有 6 处高点回调符合小波预测模型，其中两次属于强势回调，三次属于正常回调，一次属于弱势回调，你能将它们找出来么？

完成后，别忘了扫描本书后记中的二维码，加入模型理论公众号。

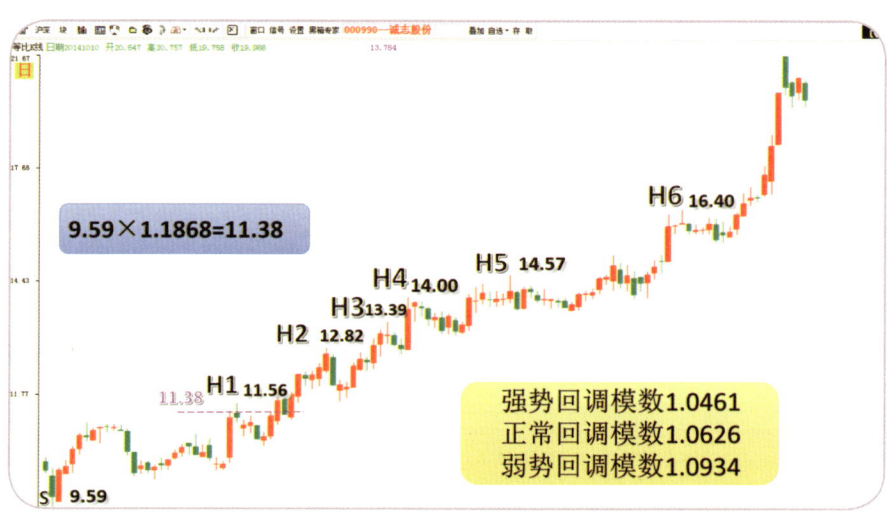

图 6.3.G 诚志股份日线走势图

第七章　四段五点预测

上一章中讲到的内容是将这些小波动独立出来研究，但股市是一个整体，股价的每一次波动有其独立性，这些波动之间又有其关联性，如果我们把这些看似独立的波动关联起来看，就会发现相邻的一波涨跌走势是最有研究价值的。

如果相邻的一波上涨和下跌走势中，上涨走势的幅度大于下跌走势的幅度，我们就称这样的走势为涨多跌少基础模型；反之，如果下跌走势的幅度大于上涨走势的幅度，我们称这样的走势为涨少跌多基础模型。通过观察，我们能够发现，在股价运行的整体走势中，上升趋势是由一个个涨多跌少模型组成的，下降趋势是由一个个涨少跌多模型组成的。

实际上这种形态是股市中数形结合的基础，也是模型理论建立的根基。本书中的内容都离不开数与形的范畴。

第一节 上涨四段五点模型

对于广大散户来说,只有上涨才能赚取利润。所以对于上涨趋势的确认和卖点的研究,就显得尤为重要。实际上,上涨趋势就是股价涨多跌少的走势,我们将这种走势用简单的图形表现出来,就得到了上涨趋势的基础模型,如图 7.1.A 所示:

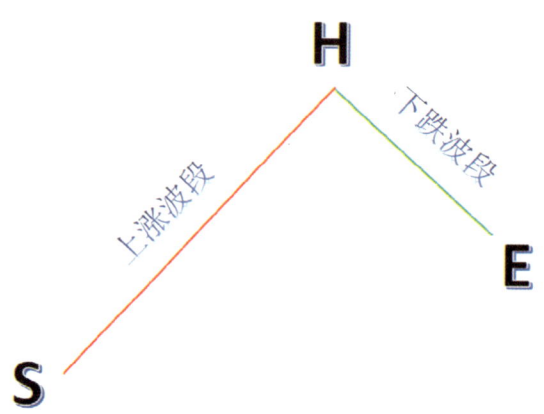

图 7.1.A　上涨趋势基础模型

可以看到,上涨趋势的基础模型是由一个长的上涨波段和一个短的下跌波段组成的。将上涨起点标记为 S,上涨的波段高点标记为 H,回调结束点标记为 E。所以上涨趋势的基础模型就是由两个波段和三个点组成。

第二章第三节中提到分形与台阶预测时笔者就已经画出了这个基础模型,当时留下一个问题:既然上涨趋势的基础模型是由两个波段三个点组成的,那为什么预测的时候需要建立四段五点模型呢?

因为上涨趋势用最简单的语言描述就是至少连续两个高点和低点依次抬高的走势。也就是说，至少要有两个基础模型组成的走势，才能确定上涨趋势，如图 7.1.B 所示：

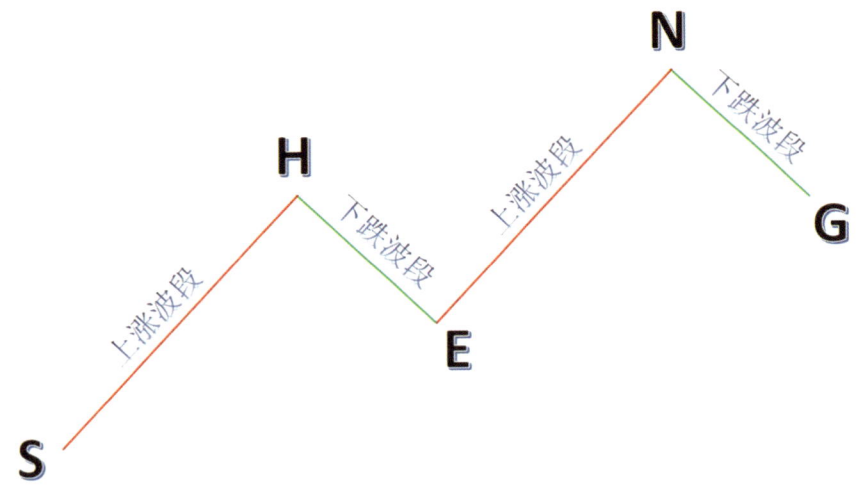

图 7.1.B　上涨四段五点模型

所以四段五点的走势才是确定上涨趋势的标准。对于上涨趋势四段五点的研究，是为了通过上涨趋势中一个波段的高点和低点来预测股价回调的低点，以及再次上涨的高点和再次回调的低点。

简单来说，就是在已知 S 点、H 点的情况下，求取 E 点、N 点和 G 点的过程，实际上这也是由上涨四段五点模型所衍生出的三个子模型。在本节的内容中笔者没有涉及扩展模型，所研究的只是正常趋势下四段五点之间的关系。

上涨四段五点之 E 点

简单来说，预测就是通过已知的行情推导出未知的走势，在这一点上有点像数学题，都是根据已知求解未知。空间模型就是将各种不同类型的预测模型固定化，通过固定的公式表现出来。而在所有的预测模型中，上涨趋势中的回调，尤其是第一次回调是预测成功率最高也是最有实用价值的模型。

为方便研究，我们建立一个理想化的模型，如下图：

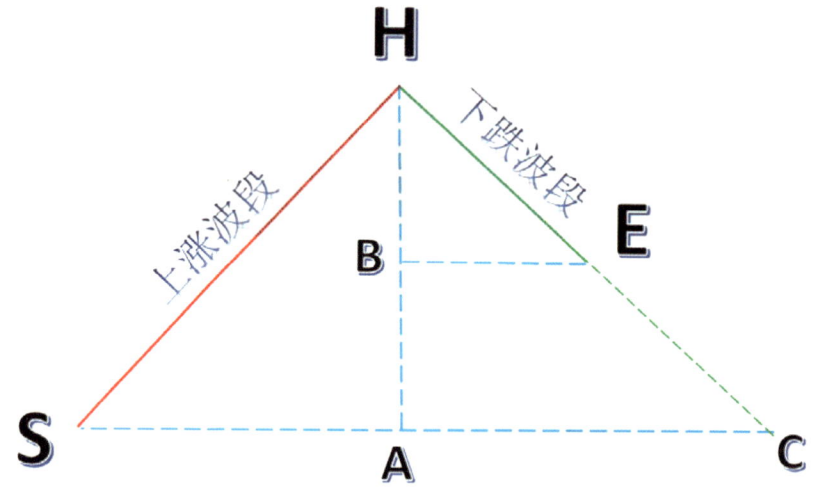

图 7.1.C　上涨四段五点中 E 点示意图

如图 7.1.C 所示，S 点是行情的起点，前文中笔者强调过，分形的最高点与最低点对于预测的分析意义是最强的，所以 S 点的选取一般为下分形的最低点。H 点为上分形的最高点，也是波段行情的最高点，H 点出现之后市场开始回调。

由上面的图形，可以根据 S、H 点来推测出未来的调整低点 E。首先从 S 点作一条水平线，然后以 H 点为起点向下作这条水平线的垂线与水平线相交于点 A，如此就形成了一个直角三角形 SHA。然后将线段 HE 延长与直线 SA 相交于点 C，此时形成了一个与左侧的直角三角形 SHA 对称的直角三角形 AHC。回调点 E 在线段 HC 上，过 E 点作一条与线段 HA 相交于点 B 的水平线，就形成了一个小的直角三角形 HBE。

如图 7.1.C，从几何学的角度，想要求解 E 点的值，就需要找到小三角形 HBE 与右侧大三角形 HAC 的比例关系。根据直角三角形的勾股定理，可以求出三角形的各条边，由此直接找到两个三角形之间的比例关系。

通过前文中的讲述，笔者想告诉各位读者的是：根据已知的 S 点、H 点是可以计算出未知的 E 点的。

计算的原理很简单，过程很复杂。下面是根据已知的 S、H 点求解 E 点的计算公式：

$$E = H \div \sqrt{H \div S}$$

计算出 E 点的价格后，就可以用 H 点的价位与 E 点的价位为基础画出箱体，并等待股价以特定的方式达到箱体附近以把握买入时机。

特定的方式包括两种：

一是股价最低点达到箱体下沿后反转向上，这种情况是最好的买入点；

另一种方式是股价跌破箱体下沿后再次突破箱体下沿时可作为买入点。

作为一个成熟的投资者，无论何时都不能忘记止损，一套成熟的交易方法一定会有完善的止损机制，四段五点模型自然也不例外，买入之后箱体下沿作为止损

嘿，看这里！

对于这一枚"彩蛋"的详细解答，感兴趣的读者可以扫描本书后记中的二维码，加入模型理论公众号。

位，只要未来的价格跌破箱体下沿就是卖出点。如果股价以大阴线的方式跌破箱体下沿就放弃买入。

具体案例如下：

图 7.1.D　深圳能源日线走势图

如图 7.1.D 是 000027——深圳能源从 2015 年 2 月 11 日到 2015 年 4 月 3 日的日 K 线走势图（本章中部分个股案例中价格为未除权价格）。

图中股价处于上涨走势，我们可以建立一个涨多跌少模型，用红、绿色线条标记。模型的最低点 S 为 6.66 元，最高点 H 为 8.70 元，根据公式 $E = H \div \sqrt{H \div S}$，可求得 E 点的预测位为：

$$E = 8.70 \div \sqrt{8.70 \div 6.66} = 8.70 \div 1.1429 = 7.61 \text{ 元}$$

然后以高点 8.70 和 E 点的预测位 7.61 分别为箱体的上沿和下沿画出箱体（如图中黑色虚线标识）。

本案例中的情况就属于第一种特定方式。在实际的走势中股价于 2015 年 3 月 24 日以 8.42 元的价格开盘，开盘后指数下跌收出阴线，最低价为 7.84 元，几乎达到箱体下沿后反转向上收出长下影线，那么此时买点出现。同时将止损位设置在箱体下沿处，若买入后股价再次下跌跌破箱体下沿应果断止损。

在实际走势中,股价接近箱体下沿后出现大幅上涨,投资者可据此买到波段最低点。

实际上在具体买卖点的选择上,采取的方式可以分为激进与稳健两种。激进的方式是当股价的运行达到箱体下沿后向上或者在接近箱体下沿的位置收出长下影线则买入。激进的买入方法的好处是往往能抄到回调中的最低点,坏处是在实际的走势中市场可能会有跌破此位置的风险。

保守些的方法能够大幅降低买入后市场下跌的概率,但是把握不到市场的波段最低点,具体的操作方法是在画出箱体后,等待股价以收盘价站稳箱体下沿,并且突破幅度达到箱体下沿的 3% 时再买入。

投资者可以根据自己的交易风格决定具体采用哪种方法。但是对 E 点的预测在使用中最大的特色就是能抄到上涨中回调的最低点,所以当涨势较强时,各位读者可以考虑多采用第一种方法,但是不论哪一种方法都必须要设定严格的止损,具体的止损位一般以实际操作中买入的点位作为止损标准。

第二种特定方式案例如下:

图 7.1.E　汉商集团日线走势图

如图 7.1.E 是 600774——汉商集团从 2015 年 3 月 26 日到 2015 年 6 月 26 日三个月间的日 K 线走势图。

这个案例中的走势很典型，包含了第二种特定的买点选择方案中可能会出现的两种情况。

首先明确图中股价正处于上涨走势中，用红、绿色线条将两段涨多跌少的走势标记出来（红色线条标记上涨，绿色线条标记下跌），左侧第一个涨多跌少走势中的 E 点同时也是第二个模型的起点 S，笔者用黑色和粉色区分两段走势中的点位。

左侧第一段涨多跌少走势中最低点 S（黑色）出现在 19.12 元，最高点 H 为 28.49 元，根据公式 $E = H \div \sqrt{H \div S}$，可求得 E 点的预测位为：

$$E = 28.49 \div \sqrt{28.49 \div 19.12} = 23.34 \text{ 元}$$

然后以高点 28.49 和 E 点的预测位 23.34 分别为箱体的上沿和下沿画出箱体（如图中黑色虚线标识）。

第一个模型中的情况就符合第二种特定方式，即股价最低点达到箱体下沿后反转向上。在实际的走势中股价于 2015 年 5 月 6 日以 22.86 元的最低价跌破箱体下沿，之后两个交易日股价一直受到箱体下沿的压力，直到 2015 年 5 月 11 日股价高开，收盘价站在箱体下沿之上，此时买点出现。

同时将止损位设置在箱体下沿处，若买入后股价再次下跌跌破箱体下沿应果断止损，可以看到买入之后股价开始下跌，但最终并未有效跌破箱体下沿，之后股价出现了大幅上涨，投资者据此可买到上涨回调中的低点。

右侧第二个模型的最低点 S（粉色）为 22.27 元，最高点 H 为 31.30 元，将这两个点位代入公式 $E = H \div \sqrt{H \div S}$，可求得 E 点的预测位为：

$$E = 31.30 \div \sqrt{31.30 \div 22.27} = 26.40 \text{ 元}$$

同样以高点 31.30 为箱体上沿，以 E 点预测位 26.40 为箱体下沿画出箱体（如图中粉色虚线标识）。

在高点之后的走势中，2015年5月29日股价出现波段低点26.00元，当日跌破箱体下沿之后受到支撑，最终收盘于28.87元，站在箱体下沿之上，此处可视为买入点。

这段走势中的情况就属于第二种特定方式中的另一种情况，即股价在接近箱体下沿的当日以下影线跌破箱体下沿并最终收盘于箱体下沿之上的情况。

与上一种情况相同的是，这种情况下也需要将止损位设置在箱体下沿处。

可以看到买入之后股价开始上涨，据此操作的投资者可获得丰厚的利润。

这种计算模型的一大优势在于它适用于不同的行情周期。既可以适用于日线、周线、月线、季线、年线，也可以适用于5分钟、15分钟、30分钟、60分钟，甚至于1分钟等任意周期。

如果把这种方法用于月线等大周期行情中就可以把握中长期上涨行情中的调整低点。实战案例如下：

图 7.1.F　通宝能源月线走势图

如图 7.1.F 所示，在 600780——通宝能源从 2008 年 8 月到 2011 年 9 月的月 K 线走势图中，股价处于上涨走势，红、绿色线条表示涨多跌少模型，模型最低点 S 为 2.56 元，最高点 H 为 7.30 元，根据公式 $E=H \div \sqrt{H \div S}$ 计算 E 点的价格：

$$E = 7.30 \div \sqrt{7.30 \div 2.56} = 4.32 \text{ 元}$$

然后以高点 7.30 和 4.32 分别为箱体的上沿和下沿画出箱体（如图中黑色虚线标识）。

在实际的走势中股价在高点之后回调过程中于 2010 年 7 月出现回调最低点 4.22 元，下影线正好达到箱体下沿，满足了买点要求，之后股价出现了长时间的震荡上涨走势。

因为这个案例是在月线图中，所以买入之后股价上涨的时间应以月计。此种方法不但适用于中短线操作，同样适用于中长线操作，选择不同的操作周期可以用来把握股价在不同的时间级别上的走势。

上涨四段五点之 N 点

前文中提到的模型能够把握良好的买点，在股市中与买相对应的就是卖，投资者在买入之后最关注的问题恐怕就是什么时候卖最合适了。

股市中有一句谚语叫"会买的是徒弟，会卖的是师傅"。生活中还有一句俗语叫"教会了徒弟饿死师傅"，如果徒弟会买又会卖还要师傅干什么呢？

如图 7.1.G 是上涨四段五点模型：

当投资者运用前文中的模型从 E 点买入之后，何时应该卖出回避风险呢？前文中提到过上涨走势的一个特性就是高点和低点逐渐抬高，那么只要趋势没有判断错误，一般来说，E 点买入之后股价没有突破 H 点之前持股都是安全的，当股价突破前期高点 H 点后可用如下公式计算 N 点的目标位：

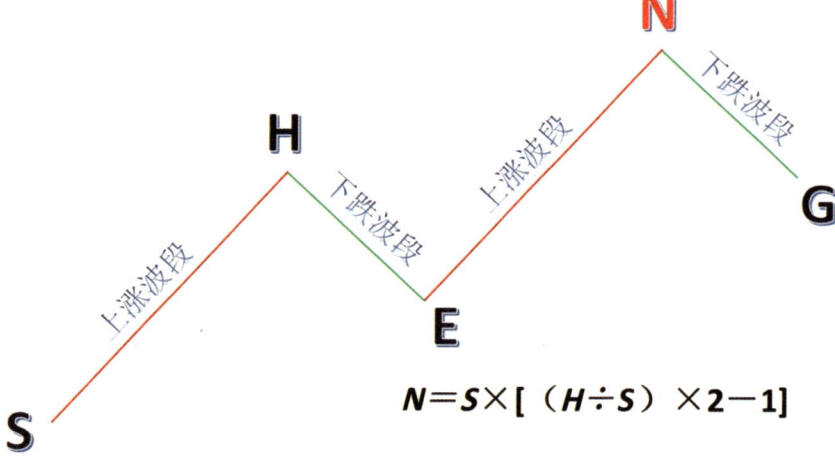

图 7.1.G 上涨四段五点模型

$$N = S \times [(H \div S) \times 2 - 1]$$

计算出 N 的目标位后，在这一目标位上作一条压力线，当股价以特定方式运行达到这条压力线附近时，可以把握卖出时机。

实战案例如下：

图 7.1.H 园城黄金日线走势图

如图 7.1.H 是 600766——园城黄金从 2015 年 9 月 11 日到 2016 年 1 月 18 日的日 K 线走势图。图中股价处于上涨走势，笔者用红绿色线条将一个上涨四段五点模型中的 SHEN 走势标记出来。

图中我们可以看到，在高点 H 出现之后股价经历了一波下跌走势和一波上涨的走势。2015 年 12 月 11 日股价以长阳线突破前期高点 H。此时我们可以用前文中提到的公式来预测 N 点的目标位，公式中需要用到高点 H 和低点 S 的价格，模型的最低点 S 为 10.72 元，高点 H 为 17.59 元，根据公式：

$$N = S \times [(H \div S) \times 2 - 1]$$

计算 N 点的目标位为：

$$N = 10.72 \times [(17.59 \div 10.72) \times 2 - 1] = 24.46 \text{ 元}$$

然后过目标位 24.46 元作一条水平线，作为股价上涨的压力线（如图中蓝色直线）。

当股价运行到此位置时，应注意把握卖出时机。在实际的走势中，股价于 2015 年最后一个交易日达到压力线附近，最高点为 21.59 元。上影线接近目标位，并于目标位附近收盘，表明股价无力突破此位，一旦发现股价开始下跌，可作为卖出点。

在实际的走势中，指数正是在 2015 年 12 月 31 日开始出现中期调整，最低跌到 13.03 元，投资者据此可回避此次下跌带来的风险。

当股价以特定方式运行到压力线附近时可以判断调整。常见的方式有三种：一种就是股价最高点那根 K 线实体突破目标位的情况，这种情况下做出判断应该保守一些；第二种方式就是类似于本案例中的股价最高点接近但是并未达到目标位的情况，这种情况下一旦开始下跌，则需留意风险；最后一种是 K 线以长上影线突破压力线，并且 K 线实体在压力线之下的情况，则是说明股价突破力量不强，可作为卖出点。

具体案例如：

图 7.1.I 西藏城投日线走势图

如图 7.1.I 是 600773——西藏城投从 2015 年 8 月 31 日到 2016 年 1 月 29 日的日 K 线走势图，本案例中的走势就属于另一种特定方式。

首先确认图中左侧股价处于上涨走势，则我们可以建立一个上涨的四段五点模型（因为案例未涉及 NG 段走势和 G 点，所以图中未做标记），图中用红绿色线条标记上涨四段五点模型中的 SHEN 走势。

模型的最低点 S 为 11.50 元，高点 H 为 18.10 元，波段低点 E 为 15.65 元，E 点出现之后股价开始上涨走势，2015 年 11 月 4 日股价以长阳线突破前期高点 H。

此时我们可以根据公式 $N = S \times [(H \div S) \times 2 - 1]$ 计算 N 点的目标位为：

$$N = 11.50 \times [(18.10 \div 11.50) \times 2 - 1] = 24.70 \text{ 元}$$

然后以目标位 24.70 元作一条压力线（如图中蓝色直线）。这条压力线表明股价在此位置存在压力，应注意把握卖出时机。

在实际的走势中，股价正是在 2015 年 11 月 23 日出现最高点 25.20 元之后开始下跌，最终收出长上影线，并且 K 线实体低于压力线，属于前文中提到的第二种特定方式，可判断此处为卖点。

图中可以看到，股价从 2015 年 11 月 23 日之后开始出现大幅调整，跌幅达 12.93%，投资者据此可规避此处风险。

上涨四段五点之 G 点

股市中的大趋势往往不会轻易变化，像上一个案例中那样大幅度的转折毕竟是少数。在上涨趋势中，股价出现 N 点之后更多的是进行一次小幅度的调整之后继续上涨，这种情况下我们就需要把握到一个良好的买入时机，抓住上涨。

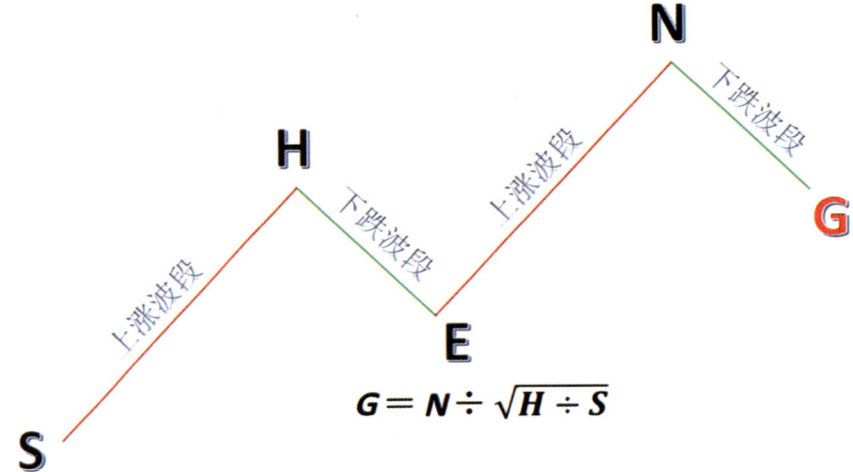

图 7.1.J　上涨四段五点模型

G 点是上涨四段五点模型中最后一个点，当股价从 N 点开始回落时，就可以根据 G 点的求解公式

$$G = N \div \sqrt{H \div S}$$

计算出 G 点的目标位，以此目标位作一条水平支撑线，当股价以下影线接近或跌破此位置时（跌破的情况要求收盘价位于支撑线上 3% 以上），即可视为良好的买入点。

实战案例如下:

图 7.1.K　新钢股份日线走势图

如图 7.1.K 是 600782——新钢股份从 2014 年 8 月 18 日到 2014 年 12 月 22 日的日 K 线走势图。图中股价处于上涨走势,我们可以建立一个完整的上涨四段五点模型,并用红绿色线条标记出来。

模型的最低点 S 为 3.27 元,高点 H 为 4.27 元,N 点出现在 4.94 元(因为 G 点公式中不涉及 E 点,故此处未将 E 点价位列出)。

当指数在 N 处 4.94 元出现下跌后,我们就可以根据公式

$$G = N \div \sqrt{H \div S}$$

计算 G 点的目标位,此目标位同时也是股价回调的目标位。需要注意的是,G 点的目标位计算公式需要用到 N 点的值,将 N 点的值代入 G 点计算公式可求得 G 点的目标位为:

$$G = 4.94 \div \sqrt{4.27 \div 3.27} = 4.32 \text{ 元}$$

然后以目标位 4.32 元为基础作一条水平线,则这条水平线将对股价产生支撑作用(如图中蓝色直线),应注意把握买入时机。

在实际的走势中,股价于 2014 年 11 月 21 日最低价达到 4.29 元支

撑线附近，在低于支撑线 0.03 元的位置出现最低点，最终收盘于支撑线上，则此处可视为买入时机。

据此操作，投资者把握到了相对底部。

本案例中 G 点处 K 线下影线较短，跌破支撑线的幅度也比较小。另一种典型的情况就是 G 点处 K 线以长下影线跌破支撑线，但最终收盘于支撑线附近，这种情况下，若次日的股价上涨并收盘于支撑位之上，则可视为买入时机。

具体案例如下：

图 7.1.L　天通股份日线走势图

如图 7.1.L 是 600330——天通股份从 2015 年 1 月 29 日到 2015 年 3 月 18 日的日 K 线走势图。图中股价处于上涨走势，同样建立上涨四段五点模型，用红绿色线条将这个模型标记出来。

模型的最低点 S 为 10.06 元，高点 H 为 11.37 元，N 点出现在 12.11 元。

当指数在 N 处 12.11 元出现下跌后，我们就可以根据公式

$$G = N \div \sqrt{H \div S}$$

计算 G 点的目标位，同时也是股价回调的目标位，需要注意的是，G 点

的目标位计算公式需要用到 N 点的值，将 N 点的值代入 G 点计算公式可求得 G 点的目标位为：

$$G = 12.11 \div \sqrt{11.37 \div 10.06} = 11.39 \text{ 元}$$

然后以目标位 11.39 元为基础作一条水平支撑线（如图中蓝色直线），表明股价可能在此位置受到支撑，应注意把握买入时机。

在实际的走势中，股价于 2015 年 3 月 12 日出现最低价 11.23 元，且当日收盘价在 11.38 元，恰好比支撑线低 0.01 元。次日股价上涨突破支撑线并且收盘于支撑线之上，表明股价涨势强劲，则此处可作为买入点。

据此操作，投资者把握到了随后的一波涨幅达 48.71% 的上涨。

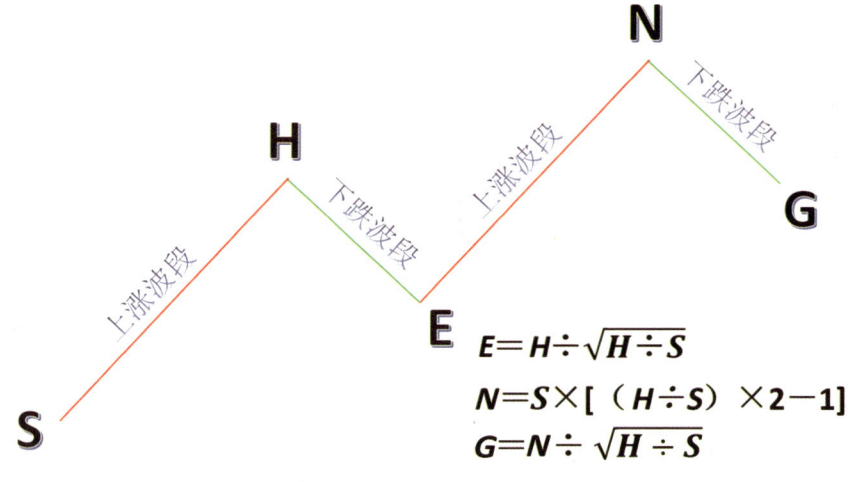

图 7.1.M　上涨四段五点模型

以上就是由上涨四段五点模型所衍生出的三个子模型，这三个模型各有各自的作用，既互相独立又可互相结合，整体组成四段五点模型，对某一段走势进行把握，这样即使对某一个点预测有失精准，其他点位仍可把握。

第二节 下跌四段五点模型

前文中提到一句股市谚语"会买的是徒弟，会卖的是师傅"，后面还有半句叫"会休息的是祖师爷"。

什么时候该休息？当趋势开始下跌的时候。但休息也不是个简单的事情，休息得早了抓不住利润，休息得晚了保不住本金。下面要介绍的这个模型就是教会各位读者怎么选择休息的时机。

有上涨就有下跌，在把握上涨中的买入时机的同时，下跌中的回调时机同样可以成为获利的机会。当然，在趋势开始下跌的时候，选择逃顶的时机才是最重要的一点。所以在本节中，笔者将要讲述下跌四段五点模型所衍生的三个子模型用法。

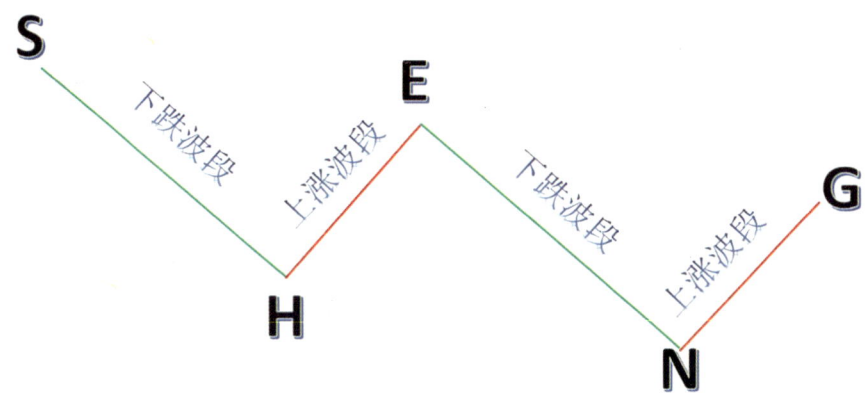

图 7.2.A 下跌四段五点模型

如图 7.2.A 所示，和上涨四段五点模型相似的是，下跌四段五点模型由两个涨少跌多基础模型叠加而成，下跌中的反弹与上涨中的回调一样，也是所有的走势中成功率最高且实用性最强的一种模型。

它的主要作用是针对下降趋势中的股票，通过下分形的最高点与上分形的最低点预测出未来反弹的压力位，然后等到股价遇到反弹压力位的时候出现长上影线、大阴线等无力突破的特征时卖出，以达到成功逃顶的效果。

下跌四段五点之 E 点

在下跌四段五点模型中，我们将下跌的起始点设为 S，下跌的最低点设为 H，则反弹的高点 E 的计算公式如下：

$$E = H \times \sqrt{S \div H}$$

根据公式计算反弹 E 的价位后，如果股价反弹遇到此压力位后出现长上影线突破，收盘价跌破或者收出大阴线等无力突破的 K 线特征时，投资者可及时卖出以避免股价再次下跌的风险。

实战案例如下：

图 7.2.B　晨鸣纸业日线走势图

如图 7.2.B 是 000488——晨鸣纸业从 2015 年 11 月 3 日到 2016 年 1 月 19 日的日 K 线走势图。

图 7.2.B 中股价处于下跌走势，笔者用红绿色线条标记出了一个跌多涨少模型，模型的最高点 S 为 10.53 元，最低点 H 为 8.34 元，根据公式 $E=H\times\sqrt{S\div H}$ 可求得 E 点的预测位为：

$$E = 8.34 \times \sqrt{10.53 \div 8.34} = 9.37 \text{ 元}$$

然后以低点 8.34 和 E 点的预测位 9.37 分别为箱体的下沿和上沿画出箱体（如图中黑色虚线标识）。

在实际的走势中股价于 2015 年 12 月 22 日以 9.49 元的价格出现波段最高点，并且收盘于箱体上沿之下的 9.33 元，收出长上影线并且 K 线实体位于箱体之内，表明股价无力突破此目标位，那么此处可作为卖点。

图 7.2.B 中可以看到，股价从 9.49 元开始了跌幅达 23.34% 的下跌走势，投资者可据此回避风险。

股价抵达 E 点目标位还有另一种情况，具体案例如下：

图 7.2.C　安纳达日线走势图

如图 7.2.C 是 002136——安纳达从 2015 年 12 月 16 日到 2016 年 2 月 29 日的日 K 线走势图。

图中股价处于下跌走势，笔者用红绿色线条标记出了一个跌多涨少模型，模型的最高点 S 为 19.68 元，最低点 H 为 10.60 元，根据公式 $E=H \times \sqrt{S \div H}$ 可求得 E 点的预测位为：

$$E = 10.60 \times \sqrt{19.68 \div 10.60} = 14.44 \text{元}$$

然后画出一个以低点 10.60 作为箱体下沿，E 点的预测位 14.44 为箱体上沿的箱体（如图中黑色虚线标识）。

在实际的走势中股价于 2016 年 2 月 23 日上影线突破箱体上沿之后收盘回落于箱体之内，表明股价无力突破此目标位，此处即可作为减仓点或卖出点。

股价三个交易日小幅上涨之后于 2016 年 2 月 23 日 K 线实体突破箱体上沿并收出长上影线，并且收盘价未超出箱体上沿的 3%。保守操作此时即可视为第二次减仓点，次日股价收阴回落入箱体之内，则此时可作为卖出点。

图 7.2.C 中可以看到，股价 14.99 元之后开始了下跌走势，投资者在三个卖出点逐渐减仓，此次下跌中的风险将大大减小甚至可以完全回避。

下跌四段五点之 N 点

当股价处于下降趋势，S、H、E、N、G 分别是下降趋势的几个重要的高点及低点，它们共同组成了下跌四段五点模型。

> 嘿，看这里！
>
> 需要注意的是，并不是下跌过程中的每一次反弹机会都值得去把握，在后文中笔者会讲到下跌四段五点中 N 点模型的扩展公式，当发现股价的反弹起点处于强势下跌弱势反弹的位置时，不建议买入。

如图 7.2.D 所示，我们可以根据已知的 S、H、E 点求出 N 点及 G 点的价格。第二次下跌的低点 N 的计算公式为：$N = H \div \sqrt{S \div H}$

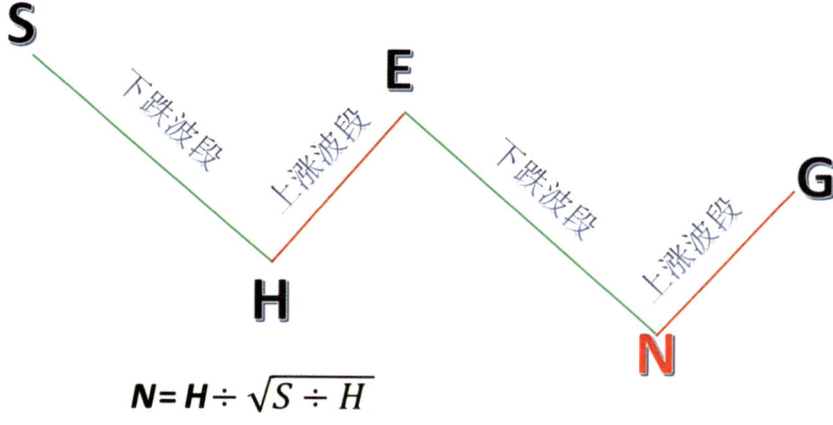

图 7.2.D 下跌四段五点模型

根据公式计算 N 的目标位后，如果股价下跌到此位置受到支撑后出现长下影线跌破、收盘价突破或者收出大阳线等表示股价上涨动能强势的 K 线特征时，投资者可及时买入以抓住股价反弹所带来的机会。

具体案例如下：

图 7.2.E 宝鹰股份日线走势图

如图 7.2.E 是 002047——宝鹰股份从 2015 年 11 月 13 日到 2016 年 4 月 20 日的日 K 线走势图，首先明确图中股价处于下跌走势，则可建立一个下跌四段五点模型（红绿色线条标识）。

模型的最高点 S 为 12.48 元，低点 H 为 9.61 元，低点 H 出现之后股价上涨到 11.90 元，出现波段高点 E，此后开始下跌走势，2016 年 1 月 13 日股价以长阴线跌破前期低点 H。

此时我们可以根据公式 $N = H \div \sqrt{S \div H}$ 计算 N 点的目标位为：

$$N = 9.61 \div \sqrt{12.48 \div 9.61} = 8.43 \text{ 元}$$

然后过目标位 8.43 元作一条水平线（如图中蓝色直线），即支撑线。这条支撑线表明股价可能在此位置受到支撑，应注意把握买入时机。

图 7.2.E 中可以看到，股价于 2016 年 1 月 27 日下跌到支撑线附近，下影线最低点为 8.45 元，与预测目标位仅相差 0.02 元，并且收出长下影线，表明股价在此目标位附近受到支撑，可视情况轻仓介入。

在实际的走势中，8.45 元正是股价由下跌转为上涨的转折点，截止到笔者选取此案例的时间，股价涨幅已超过 30%，投资者据此操作，获利丰厚。

图 7.2.F　京山轻机日线走势图

如图 7.2.F 是 000821——京山轻机从 2015 年 11 月 13 日到 2016 年 2 月 18 日的日 K 线走势图，图中股价处于下跌走势，笔者用红绿色线条将下跌四段五点模型中的 SHEN 走势标记出来。

模型的最高点 S 为 18.48 元，低点 H 为 13.60 元，低点 H 出现之后股价上涨到 16.93 元出现波段高点，此后开始下跌走势，2016 年 1 月 7 日股价以长阴线确认跌破前期低点 H。

此时我们可以根据公式 $N = H \div \sqrt{S \div H}$ 计算 N 点的目标位为：

$$N = 13.60 \div \sqrt{18.48 \div 13.60} = 11.67 \text{ 元}$$

然后以目标位 11.67 元作一条水平支撑线（如图中蓝色直线）。当股价运行到这条支撑线附近时，应注意把握买入时机。

在实际的走势中，股价于 2016 年 1 月 8 日下跌到支撑线附近，下影线最低点为 11.68 元，与预测目标位仅相差 0.01 元，并且收出长下影线，表明股价在此目标位附近受到支撑，可作为买入点。

在实际的走势中，2016 年 1 月 8 日的 11.68 元正是股价波段上涨的启动点，据此投资者可买到相对低点。

下跌四段五点之 G 点

G 点的计算模型是下跌四段五点模型的最后一个子模型，如图 7.2.G 中 S、H、E、N、G 分别为下降趋势中的高低点，它们共同组成了下跌四段五点模型。

图 7.2.G　下跌四段五点模型示意图

如图 7.2.G 所示，通过已知的几个点，可以求出未知的 G 点，G 点的计算公式如下：

$$G = N \times \sqrt{S \div H}$$

计算出 G 点的价格后，在 G 点的目标位处作一条压力线，如果股价反弹到此处出现长上影线、大阴线等明显无力突破的 K 线特征时，就可以卖出股票。

具体案例如下：

图 7.2.H　西藏珠峰日线走势图

模型理论

股市获利阶梯

如图 7.2.H 是 600338——西藏珠峰从 2015 年 5 月 27 日到 2015 年 9 月 16 日的日 K 线走势图。图中股价处于下跌走势，笔者用红绿色线条将一个完整的下跌四段五点模型标记出来。

模型的最高点 S 为 43.20 元，低点 H 为 24.98 元，N 点为 20.00 元。

当指数在 N 处（20.00 元）出现波段低点起涨后，我们就可以根据下面的公式来计算 G 点的目标位，同时也是股价反弹的目标位：

$$G = N \times \sqrt{S \div H}$$

需要注意的是，G 点的目标位计算公式需要用到 N 点的值：20.00 元。将 N 点的值代入 G 点计算公式可求得 G 点的目标位为：

$$G = 20.00 \times \sqrt{43.20 \div 24.98} = 26.30 \text{ 元}$$

然后以目标位 26.30 元为基础作一条压力线（如图中蓝色直线）。表明股价在此位置存在压力，应注意股价下跌的风险。

在实际的走势中，股价于 2015 年 8 月 10 日最高价达到压力线附近（图中黄色箭头标识），次日股价上影线刚好达到压力线 26.30 元之后回落，则可视为减仓或卖出点。股价回落之后再次上涨，2015 年 8 月 18 日 K 线实体突破压力线后回落，20 日出现最高点 27.12 元，并且收出长上影线后收盘于压力线位置下，说明股价上涨动能渐弱，可视为卖出时机。

据此操作，投资者可以回避之后下跌带来的风险。

这个案例是股价上影线和实体突破压力线，但回落到压力线之下的情况（注意股价一旦出现长上影线并回落到目标位之下，则应留意风险），另一种情况是股价运行接近支撑位即开始上涨。具体案例如：

> 嘿，看这里！
>
> 需要注意的是，在上涨和下跌四段五点模型中 G 点的计算都要用到 N 点的值，但 N 点的值有两种，一种是股价的实际值，另一种是根据 S 和 H 的计算值。在计算时需要带入实际值，而不是计算值。

图 7.2.I 丽江旅游日线走势图

如图 7.2.I 是 002033——丽江旅游从 2015 年 12 月 24 日到 2016 年 2 月 29 日的日 K 线走势图。图中股价处于下跌走势，笔者用红绿色线条将一个完整的下跌四段五点模型标记出来。

模型的最高点 S 为 18.76 元，低点 H 为 13.23 元，N 点为 12.21 元。

当指数在 N 处 12.21 元出现波段低点起涨后，我们就可以根据公式 $G = N \times \sqrt{S \div H}$ 计算 G 点的目标位，同时也是股价反弹的目标位。需要注意的是，G 点的目标位计算公式需要用到 N 点的值，将 N 点的值代入 G 点计算公式，可求得 G 点的目标位为：

$$G = 12.21 \times \sqrt{18.76 \div 13.23} = 14.54 \text{ 元}$$

然后以目标位 14.54 元为基础作一条压力线（如图中蓝色直线）。表明股价在此位置存在压力，应注意股价下跌的风险。

在实际的走势中，股价于 2016 年 2 月 16 日最高价达到压力线附近，最高价为 14.43 元，仅与压力线相差 0.11 元，出现长上影线并且收盘于压力线之下，说明股价上涨动能减弱，可视为减仓或卖出时机。

在实际走势中指数于 14.43 点之后开始下跌，最低跌到 11.36 元。

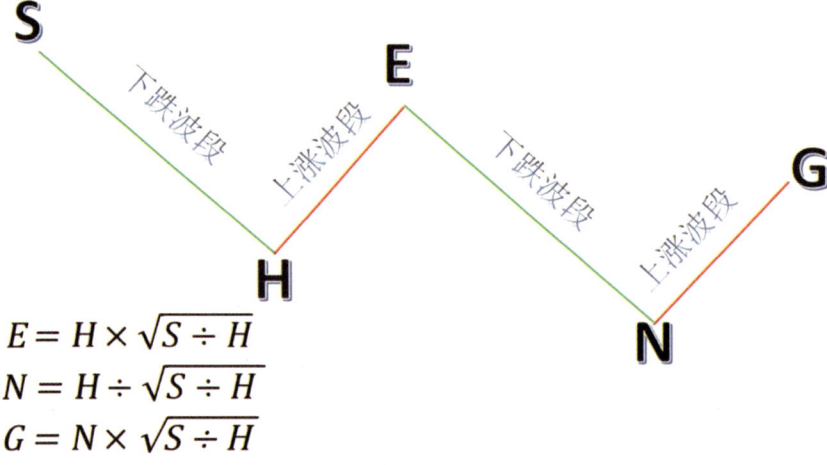

$$E = H \times \sqrt{S \div H}$$
$$N = H \div \sqrt{S \div H}$$
$$G = N \times \sqrt{S \div H}$$

图 7.2.J 下跌四段五点模型示意图

按图 7.2.J 所示操作，投资者可以回避此次下跌带来的风险。

以上就是由下跌四段五点模型所衍生出的三个子模型，与上涨四段五点模型相同的是，这三个模型既可独立使用又可互相结合，整体组成四段五点模型对某一段走势进行把握。

第三节　四段五点模型扩展

涨跌的趋势有强有弱，不能一概而论，在上涨强势的时候股价回调的幅度可能就会很小，在下跌强势的时候股价反弹的幅度就会小，而上涨弱势时的回调走势和下跌弱势时的反弹走势都会比较强烈。

对于这些情况我们该如何应对呢？就需要用到四段五点模型的扩展了。

上涨四段五点模型扩展

上文提到了上涨中回调 E 点的计算公式，也确实有很多个股回调到此位置后出现上涨。但是并不是每一只股票都回调到标准的 E 点，也会出现另外两种回调。这三种回调的位置分别可以归纳为根号1、根号2、根号3。股价的回调大多会回调到这三种位置之一。

现在我们来解释一下根号1、根号2、根号3的含义。在公式 $E=H\div\sqrt{H\div S}$ 中，H 除以 S 是股价的上涨密码，而 $\sqrt{H\div S}$ 是对密码进行开根号，开一次根号就称为根号1。按此计算出来的价格就是根号1的价格，也是正常的回调价格。

如果在 $\sqrt{H\div S}$ 的基础上再开一次根号，也就是 $\sqrt{\sqrt{H\div S}}$，称之为根号2，将此结果代入公式中就是：

$$E = H \div \sqrt{\sqrt{H\div S}}$$

以此计算出来的结果就是根号2，有部分较为强势的个股会回调到此位置后上涨。将根号1与根号2的结果相加，得到根号3。需要注意的是，在前文二级以上台阶模型公式的推导过程中曾有这样的理念：公式中存在一个代表股价本身的"1"，实际上，在 $\sqrt{H\div S}$ 以及 $\sqrt{\sqrt{H\div S}}$ 中也有一个代表股价本身的部分，体现在计算的结果上也是"1"，根号3中也是如此。所以在推导根号3的公式时，不能简单地将 $\sqrt{H\div S}$ 和 $\sqrt{\sqrt{H\div S}}$ 相加，还要减去多出来的一个"1"，也就是 $\sqrt{\sqrt{H\div S}} + \sqrt{H\div S} - 1$。

然后将 $\sqrt{\sqrt{H\div S}} + \sqrt{H\div S}$ 代入公式就会得到根号3的回调结果，这通常是最为深幅的回调。用公式表示就是：

$$E = H \div \left(\sqrt{\sqrt{H\div S}} + \sqrt{H\div S} - 1\right)$$

所以当一只个股出现了上涨趋势中的 S 点与 H 点之后，就可以对应着算出三种可能回调到的价位。

根号 1 的回调案例如下：

图 7.3.A　上证指数日线走势图

实际上四段五点模型不只适用于个股的买卖，对于大盘点位的预测同样精准。如图 7.3.A 是上证指数从 2016 年 2 月 24 日到 2016 年 3 月 28 日的日 K 线走势图。

图中指数处于上涨走势，笔者用红绿色线条标记出了一个涨多跌少模型，模型的最低点 S 为 2638.96 点，最高点 H 为 2911.84 点，根据公式 $E = H \div \sqrt{H \div S}$，可求得 E 点的预测位为：

$$E = 2911.84 \div \sqrt{2911.84 \div 2638.96} = 2772.12 \text{ 点}$$

然后以高点 2911.84 和 2772.12 分别为箱体的上沿和下沿画出箱体（如图中黑色虚线标识）。

在实际的走势中指数于 2016 年 3 月 11 日以 2772.55 点出现波段低点，与我们预测的目标位几乎分毫不差。

根号 2 的回调案例如：

图 7.3.B 天奇股份日线走势图

如图 7.3.B 是 002009——天奇股份从 2015 年 8 月 31 日到 2015 年 11 月 26 日的日 K 线走势图。

这个案例中的走势属于很典型的上涨强势走势，所以应考虑选取根号 2 的公式进行点位的预测。

如图所示，图中股价处于上涨走势，笔者用红绿色线条将两个涨多跌少模型标记出来，模型的最低点 S 为 12.25 元，最高点 H 为 20.30 元，根据根号 2 公式 $E = H \div \sqrt{\sqrt{H \div S}}$，可求得 E 点的预测位为：

$$E = 20.30 \div \sqrt{\sqrt{20.30 \div 12.25}} = 17.89 \text{ 元}$$

然后以高点 20.30 和 E 点预测位 17.89 分别为箱体的上沿和下沿画出箱体（如图中黑色虚线标识）。

图 7.3.B 中可以看到，在实际的走势中股价于 2015 年 10 月 30 日最低价达到箱体下沿后收盘于箱体之内，随后 11 月 2 日、3 日、4 日三个交易日股价的 K 线实体略微跌破箱体下沿，于 2015 年 11 月 4 日以长阳线突破箱体，收盘价站在箱体下沿之上，此时买点出现。

同时将止损位设置在箱体下沿处，若买入后股价再次下跌跌破箱体下沿应果断止损，可以看到买入之后股价开始上涨，投资者据此可买到上涨回调中的低点。

根号3的回调案例如下：

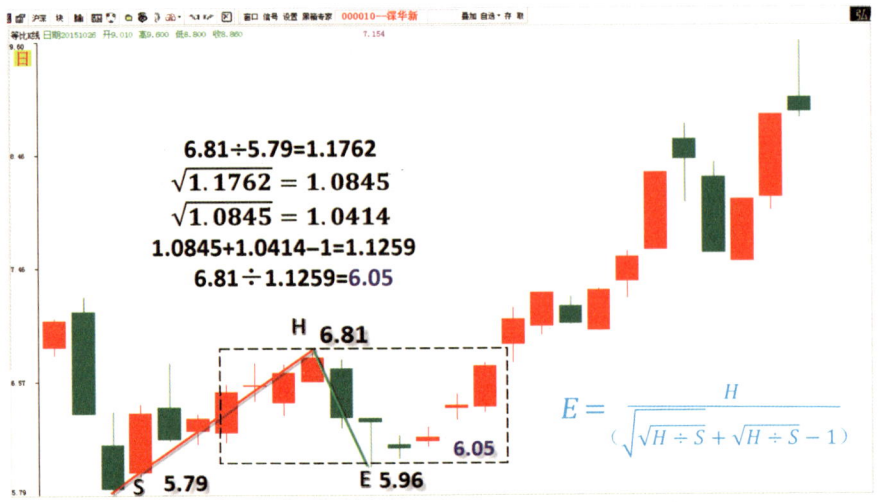

图 7.3.C　深华新日线走势图

如图 7.3.C 是 000010——深华新从 2015 年 9 月 11 日到 2015 年 10 月 26 日的日 K 线走势图。

图中股价处于上涨走势，笔者用红绿色线条标记出了一个涨多跌少模型，模型的最低点 S 为 5.79 元，最高点 H 为 6.81 元。根据公式 $E = H \div (\sqrt{\sqrt{H \div S} + \sqrt{H \div S} - 1})$，可求得 E 点的预测位为：

$$E = \frac{6.81}{\sqrt{\sqrt{6.81 \div 5.79} + \sqrt{6.81 \div 5.79} - 1}} = 6.05 \text{ 元}$$

然后以高点 6.81 和 E 点预测位 6.05 分别为箱体的上沿和下沿画出箱体（如图中黑色虚线标识）。

在实际的走势中股价于 2015 年 9 月 28 日以 5.96 元的价格出现波段最低点，并且收盘于箱体下沿之上的 6.27 元，收出长长的下影线，表明股价无力跌破此目标位，那么此处可作为买点。

需要注意的是，此时要将止损位设置在箱体下沿处，若买入后股价再次下跌跌破箱体下沿应果断止损。

在实际走势中，E点之后股价开始涨幅达71.11%的上涨走势，投资者据此买到了波段低点。

在实际的操作中，投资者可能遇到的难题是：在股价没有走出来之前，我怎么知道股价会按哪种方式回调，是根号1、根号2还是根号3呢？在市场没有走出来之前我们确实很难知道它会回调到哪个价位。所以我们的应对策略是股价出现S点与H点后，就按照公式将根号1、根号2、根号3的结果分别计算出来，然后观察图形形态，看股价在回调过程中到哪个价位的时候出现下影线等见底特征。它们三个的顺序通常是最先调整到根号2的位置，如果根号2支撑不住，则会调整到根号1的位置，最后是根号3的位置。

如果股价调整连根号3也支撑不住的话，则表明股价已经不是单纯的回调，而极有可能是反转行情。上述公式已经不能预测它跌破S点以后的目标位。在下文中我们将谈到跌破S点以后的目标位的测算方式，包括突破H点以后的上涨目标位的测算。

以笔者的经验看，在实际的股价运行过程中，股价最容易在根号1的位置上受到支撑，这也是绝大多数情况下股价回调的幅度。所以投资者在实际操作过程中，应以根号1为主，根号2与根号3为辅。

下跌四段五点模型扩展

在前文中笔者提到了上涨中回调的三种计算方式，分别是根号1、根号2、根号3，它们对应着股价上涨中回调的三种方式。同样的道理，股价在下跌后的反弹中也会存在三种不同的方式，它们也分别对应着根号1、根号2、根号3。

前文中笔者提到的主要是根号1的计算方式，本节内容主要讲解根号 2 与根号 3 的计算公式。

根号 1 的计算公式如下：

$$E = H \times \sqrt{S \div H}$$

根号 2 的计算公式如下：

$$E = H \times \sqrt{\sqrt{S \div H}}$$

根号 3 的计算公式如下：

$$E = H \times (\sqrt{\sqrt{S \div H}} + \sqrt{S \div H} - 1)$$

根号 2 的反弹案例如下：

图 7.3.D 国际医学日线走势图

如图 7.3.D 是 000516——国际医学从 2015 年 12 月 29 日到 2016 年 1 月 29 日一个月间的日 K 线走势图。

图中股价处于下跌走势，笔者用红绿色线条标记出了一个跌多涨少模型，模型的最高点 S 为 23.44 元，最低点 H 为 14.39 元。根据公式 $E = H \times \sqrt{\sqrt{S \div H}}$ 可求得 E 点的预测位为：

$$E = 14.39 \times \sqrt{\sqrt{23.44 \div 14.39}} = 16.26 \text{ 元}$$

然后以低点 14.39 和 E 点预测位 16.26 分别为箱体的下沿和上沿画

出箱体（如图中黑色虚线标识）。

在实际的走势中股价于2016年1月25日以16.28元的价格出现波段最高点，并且收盘于箱体上沿之下的15.97元，收出长上影线并且K线实体位于箱体之内。次日最高点仍是16.28元，并且收盘于箱体之内，与前一日相比收盘价降低，表明股价无力突破此目标位，那么此处可作为卖点。

嘿，看这里！

需要注意的是，在实际的操作中，当股价出现一波完整的下跌后开始反弹时，我们可以按照三个公式分别计算出三个股价反弹的压力位，然后视股价在反弹过程中何时出现无力突破的特征，以选择卖出点。

在实际走势中，股价正是由2016年1月25日这一天开始了下跌波段，投资者可据此回避风险。

正常情况下大多数的股票会反弹到根号1的位置，相对弱势的反弹到根号2的位置，最强势的反弹位是到根号3的位置。

根号3的反弹案例如下：

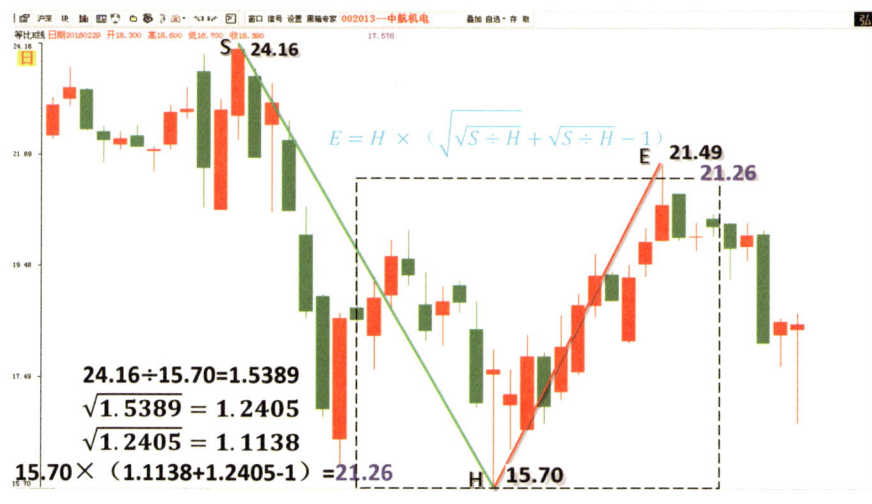

图7.3.E　中航机电日线走势图

如图 7.3.E 是 002013——中航机电从 2015 年 12 月 21 日到 2016 年 2 月 29 日的日 K 线走势图。

图中股价处于下跌走势，笔者用红绿色线条标记出了一个跌多涨少模型，模型的最高点 S 为 24.16 元，最低点 H 为 15.70 元，根据公式 $E = H \times (\sqrt{\sqrt{S \div H}} + \sqrt{S \div H} - 1)$ 可求得 E 点的预测位为：

$$E = 15.70 \times (\sqrt{\sqrt{24.16 \div 15.70}} + \sqrt{24.16 \div 15.70} - 1) = 21.26 \text{ 元}$$

然后以低点 15.70 和 E 点预测位 21.26 分别为箱体的下沿和上沿画出箱体（如图中黑色虚线标识）。

在实际的走势中股价于 2016 年 2 月 17 日以 21.49 元的价格出现波段最高点，并且收盘于箱体上沿之下的 20.65 元，收出长上影线并且 K 线实体位于箱体之内，表明股价无力突破此目标位，那么此处可作为卖点。

在实际走势中，股价正是由 2016 年 2 月 17 日这一天开始了下跌波段，投资者可据此回避风险。

在实际操作过程中，在行情走出来之前，我们无法判断股价到底回调到哪一个目标位。正确的做法是出现 S 点和 H 点以后，就分别以三种不同公式分别计算出股价调整的三个目标位，然后看股价在哪个价位的时候出现明显受到支撑的特征，在哪个价位出现明显支撑就可以在哪个价位买入。如果第一个支撑位没有撑住，则往下看第二个支撑位，以此类推。

模型的意义在于将多变的股市固定化，其优势在于简单实用，劣势在于缺乏变化。通过三种拓展公式的灵活运用，投资者可以根据实际情况更好地把握股价的变化，获取利润。

小 结

又到了结尾"彩蛋"的时间了。在本章第三节中笔者为大家提供了 E 点的拓展模型公式,正常情况下大多数的股票会反弹到根号 1 的位置,相对弱势的反弹是根号 2 的反弹位置,最强势的反弹位是根号 3 的反弹位置。

在实际的走势中不止 E 点会出现强势弱势的区别,N 点和 G 点也是如此,下面笔者将会为大家提供下跌四段五点模型中的 N 点拓展模型公式:

根号 2:$N = H \div \sqrt{\sqrt{S \div H}}$

根号 3:$N = H \div (\sqrt{\sqrt{S \div H}} + \sqrt{S \div H} - 1)$

N 点同样是一般情况下会反弹到根号 1 的位置,弱势时反弹到根号 2 的位置,强势的时候反弹到根号 3 的位置。有兴趣的读者可以自行尝试将这三种拓展公式应用于实际中,以加强自身对股票走势的把握。

对四段五点模型掌握深刻的读者可以尝试通过下跌四段五点模型中的 N 点拓展公式推导出上涨四段五点模型中的 N 点拓展公式。

如果你已经有了答案并且想要验证的话,可以扫描本书后记中的二维码,加入模型理论公众号。

没有思路的读者也无需担心,在后面的几本书中,笔者还会详细讲述这些拓展模型。

结 束 语

在前文中提到，本书中的内容都离不开数与形的范畴，数形结合是一个庞大而复杂的课题，其中的理论深奥且复杂，如果笔者只是将其中的内容简单罗列出来的话，这本书恐怕就要成为很多人理想的睡前读物了。

罗马不是一天建成的，学习也要一步一步来，老想一口吃成个胖子是不行的，只有积累了足够多的基础，这些复杂而深奥的理论理解起来才会变得简单。随着学习的逐渐深入，在后面几本书中笔者会逐步为大家揭开数形结合的奥妙。

后 记
——阅读是一种智慧

☆如果猩猩会读书

文字，实在是人类历史上最伟大的发明。

文字产生了书籍，书籍使传承变得更有效率；传承产生了智慧，智慧使人类统治了地球。就像高尔基所说："书籍是人类进步的阶梯。"书籍是知识得以传承的基石，是人类文明发展和延续的载体。

人类一直以万物之灵自居，一直是自然界最具智慧的种族，但你是否思考过这样一个问题：人类的智慧来自于哪里？

在探究这个问题之前，我们不妨先来看下面一组事实：

1. 黑猩猩会制作和使用简单的工具。

2. 鹦鹉对图形的记忆力非常出众，甚至能做数学题。

3. 章鱼特别善于模仿，并且能够通过思考来解决复杂的问题。

4. 大象有家族和自我的概念，并且记忆力很好。

5. 海豚除了有自我认知和死亡的概念，还有强烈的同情心和好奇心——恐怕这也是许多人被它们拯救的原因。

6. 逆戟鲸有复杂的逻辑思维和丰富的情感，甚至会表现出鲜明的"个性"。

尽管很聪明，也仅是动物的智慧。这些"不学无术"的家伙们的智

慧只能达到这样的程度。

那么，人如果不读书呢？

鲁德雅德·吉卜林曾写过一本叫作《丛林奇谈》的书（或者有些人看过由这本书改编的迪士尼动画《丛林王子》），书中讲述了一个由野兽抚养长大的男孩莫格利的故事，故事本身或许玄奇梦幻，素材却是取自于现实。

来自网络上的数据显示：截止到20世纪50年代末，科学上已知有30例孩童在野外长大的案例，这些案例中大部分孩童是由野兽抚养长大，其中最著名的就是印度"狼孩"。

但这些孩子无一例外像野兽多过像人，并且其智商大多只有三到四岁的程度。除非这些在不同时期、不同地区发生的案例中的"莫格利"都非常巧合的在先天上有缺陷的话（当然，提出这种可能仅是出于对概率学的尊重），那么我们可以证明：把人类孩童放到野兽的环境中，他也只会成为野兽而不是人，甚至不会体现出智商上的优越性。

人之所以成为人，并非天生高贵或者智商超群，而是因为知识和经验的传承，而传承的最主要方式就是学习，学习的最主要方式就是阅读。所有的知识、经验、智慧和技能都可以通过阅读来获得。

所以智慧来自于阅读。

我们有理由相信，如果黑猩猩能够学会阅读的话，它们将有可能进化为真正的智慧生物。

☆别让阅读如此难熬

当我们在生活中遭受挫折而有感于自己能力的不足时，当我们不安于现状而渴望获得更多时，学习往往就是摆脱困境或者谋求进步的最佳方式。

我们翻开一本书，往往是因为意识到了自己需要掌握这些知识，或者意识到了书中的这些知识的价值。

理智告诉我们需要汲取这些知识，但当我们硬着头皮翻开书，那些密密麻麻的蝇头小楷只会让我们感到厌烦，犹如催眠的歌声一般放大我们的疲倦和困意。实际上，就在不久之前，笔者的一个朋友还对我说我推荐给他的床头读物治愈了他的失眠症。

笔者由衷地为他可以睡个好觉而感到高兴，同时也为这位朋友的阅读习惯感到惋惜——在笔者看来，他根本不懂该如何读书。

☆一本书的正确打开方式

为何阅读对我们来说如此难熬？

原因有很多，但最重要的一点是兴趣，在做大多数事情的时候，疲惫与困倦都是产生在厌烦的基础上。很多时候我们并不是真的累了，而是无聊和厌烦让我们感觉到疲惫，人在做他感兴趣的事情的时候从来不会疲惫。

阅读也是如此，对于一本书来说，如果你并非真的喜爱其中的内容或者需要其中的知识，就不要翻开它，除非你也想靠它治愈失眠症。

很多时候选择一本你真正感兴趣的书才是成功阅读的第一步，强行阅读一本自己不喜欢的书无疑是一种自我折磨。

另外，当你觉得阅读让你感到疲惫或者不快时不妨换个时间，换个方式来试试。

如何保持你对一本书的兴趣？

关键在于心态，如果你想达到较好的阅读效果，就千万不要强迫自己读书。在读书时，找一个让自己舒服的心态远比找一个让自己舒服的姿势更能提高效果。

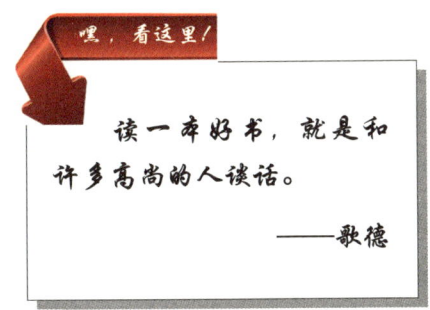

嘿，看这里！

读一本好书，就是和许多高尚的人谈话。

——歌德

良好的读书心态能够让我们长时间地保持对阅读的热情，反之，不好的心态只会让我们在阅读时心情越来越糟糕。

模型理论 1

股市获利阶梯

一本好书既像朋友又像老师，我们不应该为了读书而去读书，最好是抱着自我提升的心态，慢慢地去阅读，要让读书成为一种享受。

在阅读时还需要注意的一点就是<u>最好要有明确的阅读目的</u>（当然，小说、杂志这一类文学作品不在此列），《庄子·养生主》中有这样一段话："吾生也有涯，而知也无涯。以有涯随无涯，殆已！"说的就是人生短暂，而知识是无穷无尽的，如果不能明确自己的目的，汲取对自己有用的知识，而眉毛胡子一把抓的话，最终只能"殆矣"。

所以<u>用有限的时间去尽可能获取对自己最有用的知识</u>，才是阅读最重要的意义，也是最难把握的一点。

《三国演义》中水镜先生司马徽向刘备推荐诸葛亮的时候有这样一段话："孔明与博陵崔州平、颍川石广元、汝南孟公威与徐元直四人为密友。此四人务于精纯，惟孔明独观其大略。尝抱膝长吟，而指四人曰'公等仕进可至刺史、郡守'众问孔明之志若何，孔明但笑而不答。每常自比管仲、乐毅，其才不可量也。"

诸葛亮以智名闻天下，天赋并不一定比它的几位好友要高，但为何最终成为"功盖三分国，名成八阵图"的诸葛武侯？原因就在于读书之法，他的几位好友是"务于精纯"，唯独诸葛亮是"观其大略"，这就是读书目的的不同。

务于精纯是为学之道，观其大略是为实之道，一个强调深度，一个强调广度，对于大多数人来说，两者间并没有本质上的优劣之分。从股市学习的角度讲，依前者读书可为专才，依后者读书可为通才，如果你想成为某一方面的专家学者，就"务于精纯"通于一道，达于一道，能人所不能，但在处理实际问题的能力方面难免有所欠缺。

而如果想要成为实践派大师，就需要知识面足够宽广，在读书时就要注重对知识的全面性掌握和知识领域的开拓。只有拥有渊博的知识，才能对股市中的各种现象及成因了如指掌，面对股市中的变化才能够波澜不惊、从容应对。

这就是阅读目的的重要性。笔者的建议是：如果你真的需要某一方面的知识的话，最好培养自己在这方面的兴趣和爱好，就像孔子说的："知之者不如好之者，好之者不如乐之者。"兴趣永远是阅读的最佳动力。

> 嘿，看这里！
>
> 播种行为，可以收获习惯；播种习惯，可以收获性格；播种性格，可以收获命运。
>
> ——萨克雷

对于阅读，最后还要提及的一点就是阅读习惯，阅读时的习惯对一个人的影响是巨大的，养成好的阅读习惯将有助于提高阅读的效率。因为每个人都是独一无二的，所以不能武断地认为什么样的习惯是好的阅读习惯，因为同样的习惯，在一些人身上会起到正面的效果，而在另一些人身上则会完全呈现负面效果。

但发现并培养对自己有利的读书习惯是增加阅读趣味性，提高阅读效率的好方法。

下面笔者列举一些适用面较广的阅读习惯，希望能够对各位读者有所帮助。

1. 书籍不要完全堆在书架上，那样它们只会起到装饰作用（当上面落满灰尘时甚至连装饰作用都不会有），把你正在读、经常读或者喜欢读的书放在你的身边，比如床头柜、沙发、茶几、车里甚至随身携带，这样当电视剧中插播广告或者堵车时你就可以拿出书来读一读。

很多好书是值得随身携带的，晋朝有一本记录用常见草药或方法处理急性病症的医书，因为作者认为很值得随身携带，就把它命名为《肘后备急方》。因为古代的衣服都是宽袍大袖，装东西都是装在袖子里面肘后的位置，如果是在今天写成估计会被叫作《兜里必备急救指南》。

2. 找到适合自己的读书方法，比如流传较广的"三遍读书法""兴趣阅读法"等，也可以借鉴名人的经验，比如鲁迅先生的"跳读"法；舒庆春先生（老舍）的"印象"法；著名数学家华罗庚的"厚薄"法；

散文家余秋雨的"畏友"读书法等。当然，别人走过的路可以借鉴，但最适合自己的读书方法还需要每个读者自己去探索。

3.养成做读书笔记的习惯，或者读完一本书后随手写下心得，这样以后可以只通过寥寥数语的笔记就想起书中的知识，也方便以后"温故而知新"，回忆起初次阅读时的感受也许会有新的体悟。

就像毛主席的老师徐特立先生说的那样："不动笔墨不读书。"

阅读是掌握前人智慧和经验的最好方法，也是谋求自身进步和发展的最好方法，每个人都需要阅读，为什么要让阅读成为一种煎熬呢？

笔者希望这本书能够给大家带来知识的同时带给大家愉快的阅读体验。

如果您对本书中的内容有任何疑问或者建议，可以扫描下面的二维码添加模型理论公众号，与我们进行沟通。